Tal Ben-Shahar

Titulaire d'un doctorat en psychologie et philosophie, Tal Ben-Shahar, après avoir été l'un des professeurs les plus populaires de l'université Harvard – son cours sur la psychologie positive a rassemblé plus de 1 400 étudiants –, est le fondateur de la Happiness Studies Academy.

Il intervient également dans le monde entier auprès de cadres de sociétés multinationales, devant le grand public et auprès de populations à risques. Ses ouvrages *L'Apprentissage du bonheur* (2008), *L'Apprentissage de l'imperfection* (2010), *Apprendre à être heureux* (2010) et *Choisir sa vie* (2014) sont publiés chez Belfond et repris chez Pocket. *Conversations avec mon coiffeur : pour aimer la vie* (2018), titre inédit, est publié chez Pocket et *Les 5 Clés du bonheur* (2021) a paru chez Robert Laffont.

Retrouvez toute l'actualité de l'auteur sur :
www.talbenshahar.com

ÉVOLUTION

Des livres pour vous faciliter la vie !

Olga MECKING
Le Livre du niksen

Grand bien vous fasse !
Quel sens donner à sa vie ?

Catherine D'AMÉCOURT RATHLE
Apprenez à lire les lignes de la main

Colette POGGI
La Bhagavad Gîtâ ou l'Art d'agir

Isabelle FILLIOZAT
Jusqu'à ton dernier souffle

Michaeleen DOUCLEFF
Chasseur, cueilleur, parent

Tara BRACH
Faites de vos émotions une source de puissance et de liberté

Natalie GOLDBERG
Pourquoi écrire va vous rendre heureux

Tal BEN-SHAHAR
Les 5 Clés du bonheur

Charles EISENSTEIN
Notre cœur sait qu'un monde plus beau est possible

James NESTOR
Respirer – Le pouvoir extraordinaire de la repiration

Les 5 Clés du bonheur

Cultiver la résilience quoi qu'il arrive

ÉGALEMENT CHEZ POCKET

L'Apprentissage du bonheur
L'Apprentissage de l'imperfection
Apprendre à être heureux
Choisir sa vie
Conversations avec mon coiffeur
Les 5 Clés du bonheur

Fabrice Midal présente
Tal Ben-Shahar

Les 5 Clés du bonheur

Cultiver la résilience quoi qu'il arrive

Traduit de l'anglais (États-Unis)
par Julie Blanc

Robert Laffont

Titre original :
*HAPPIER, NO MATTER WHAT :
CULTIVATING HOPE, RESILIENCE,
AND PURPOSE IN HARD TIMES*

MIXTE
Papier issu de
sources responsables
FSC® C003309

L'éditeur de cet ouvrage s'engage dans une démarche
de certification FSC® qui contribue à la préservation
des forêts pour les générations futures.

Pour en savoir plus :
www.editis.com/engagement-rse/

ISBN : 978-2-266-32422-9
Dépôt légal : octobre 2022

À Tami, David, Shirell et Eliav
– Je vous aime quoi qu'il arrive.

Introduction

Les cinq clés du bonheur

Selon moi, la seule définition satisfaisante du bonheur c'est la plénitude.

Helen Keller

L'un de mes amis m'a demandé : « Eh bien, Tal, tu ne penses pas qu'il faudrait mettre le bonheur en quarantaine ? » Il ne plaisantait qu'à moitié.

Nous étions alors en plein cœur de la pandémie du Covid-19, qui sévit encore dans le monde entier. Cette crise a indiscutablement engendré de nombreux défis à relever. Vous êtes peut-être tombé malade, vous avez eu peur d'être contaminé, ou vous avez même dû faire face à la douleur inimaginable de la disparition d'un être cher. Vous avez peut-être subi la perte de votre emploi. Les parents ont pu avoir des difficultés à trouver un équilibre entre leurs responsabilités professionnelles et celles qu'ils ont envers leurs enfants. Les familles et les enseignants ont traversé mille tourments, afin de décider s'il était prudent de retourner à l'école ou pas. Et nous avons tous éprouvé la terrible peine d'être séparés de nos amis et de ceux que nous aimons. Pour beaucoup d'entre vous, à mesure que la tension augmentait, le brouillard de la dépression s'installait. En l'espace d'une nuit, des activités toutes simples, que nous avions toujours considérées comme acquises et vers lesquelles nous avions l'habitude de nous tourner pour nous détendre, ont disparu – comme dîner au restaurant ou aller voir une pièce de théâtre –, et les événements heureux que nous attendions avec impatience – comme les vacances ou les mariages – ont été brusquement annulés. En dissimulant nos visages sous des masques pour nous protéger, il est devenu encore plus difficile d'échanger un sourire avec un inconnu dans la rue.

Face à cette réalité, quel intérêt y avait-il encore à étudier le bonheur ? Dès le début des événements liés au coronavirus, de nombreuses personnes ont eu le même sentiment que mon ami, que nous devrions peut-être mettre le bonheur en quarantaine, et qu'il fallait suspendre son étude pendant un temps. Évidemment, ils étaient convaincus que nous pourrions reprendre les recherches une fois que la situation serait revenue à la normale. Mais en attendant, au vu de tout ce qui était en train de se passer dans le monde, n'était-il pas préférable de faire une pause ?

Ma réponse est non, nous ne devrions pas mettre le bonheur en quarantaine. Et nous ne devrions certainement pas le mettre de côté ! Au contraire, dans les moments éprouvants – quels qu'ils soient –, étudier la science du bonheur s'avère plus indispensable et plus pertinent que jamais.

Grandir après une épreuve

Toutes les expériences humaines peuvent se placer grossièrement sur une échelle graduée, selon leur caractère plus ou moins négatif, positif ou neutre. Par exemple, la douleur, la souffrance, la malchance et les épreuves iraient du côté négatif ; alors que le plaisir, la joie, la chance et le sentiment de confort iraient à l'extrémité positive. Au milieu, nous aurions le point zéro, celui du « je vais bien ».

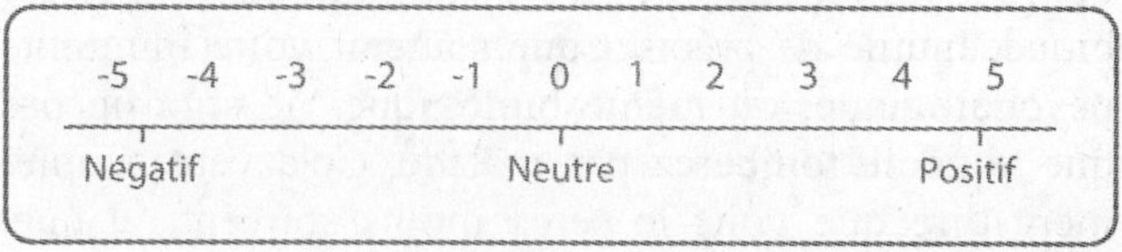

De nombreuses personnes pensent que le rôle de la science du bonheur est de traiter tout ce qui se situe entre le neutre et le positif. En d'autres termes, tant que vous allez bien ou très bien, vous pouvez tirer parti du résultat des recherches de cette discipline. En revanche, si vous n'allez pas bien – si vous êtes triste ou anxieux, que vous traversez une période compliquée et que vous rencontrez des difficultés –, seuls une psychothérapie ou un traitement pourront vous aider. J'encourage bien évidemment la recherche d'une aide par un professionnel. Une thérapie peut être utile, que ce soit lorsque nous nous sentons globalement bien ou quand nous avons le sentiment d'avoir perdu le contrôle de notre existence ; des médicaments, tels que les antidépresseurs ou les anxiolytiques, ont sauvé des vies et je ne recommanderai jamais à personne d'arrêter son traitement sans avoir au préalable consulté son médecin. Toutefois, l'idée qu'il faille atteindre le point neutre avant de pouvoir tirer profit de la science du bonheur est erronée.

En effet, la science du bonheur s'intéresse à l'ensemble des expériences humaines. Elle peut certes nous permettre de passer d'un 3 à un 5, d'un simple « je vais bien » à un « je vais très bien ». Mais elle est encore plus salutaire lorsque nous nous situons au niveau d'un – 3, ou d'un – 5. Elle peut nous aider à rebondir et même à nous surpasser. Pourquoi ? Parce que la science du bonheur renforce notre système immunitaire biologique. Inutile de préciser que soutenir votre immunité psychologique, ou même biologique, ne signifie pas que vous ne tomberez pas malade. Cela veut simplement dire que vous le serez moins souvent, et que, lorsque vous serez souffrant, vous vous rétablirez plus vite. La science du bonheur peut vous aider à être plus heureux, même un tout petit peu, quelle que soit votre position sur l'échelle. Elle vous permet également d'être mieux armé pour affronter les difficultés et les épreuves lorsque celles-ci se présentent.

D'ailleurs, avec un système immunitaire psychologique plus solide, vous pourriez même aller au-delà de la résilience. Vous pourriez devenir antifragile – ce que je considère comme la résilience 2.0. C'est un concept qui a été introduit par Nassim Taleb, écrivain, épistémologue, statisticien et professeur à l'université de New York[1]. Mais pour comprendre l'antifragilité, nous devons tout d'abord définir la résilience, un terme qui a été emprunté à l'ingénierie. En effet, un matériau est considéré comme résilient s'il est capable de reprendre sa forme initiale, après avoir subi une tension ou une pression. De même, pour expliquer la résilience, nous utilisons la métaphore de la chute d'une balle qui rebondit pour revenir ensuite à son point de départ. Selon Nassim Taleb, un matériau est antifragile si, après avoir subi une tension ou une pression, il ne se contente pas de revenir à son état originel, mais devient plus fort. Dès lors, si une balle résiliente rebondit là où elle se trouvait auparavant, sa version antifragile rebondira encore plus haut. De façon plus générale, un système antifragile – il peut s'agir d'un objet inanimé ou d'une entité vivante, sous la forme d'une personne, d'une relation entre deux personnes, d'un groupe d'individus ou même d'une nation – traverse une épreuve et par conséquent devient plus solide, meilleur et plus heureux.

Lorsque Friedrich Nietzsche, le philosophe allemand du XIXe siècle, a écrit : « Ce qui ne te tue pas te rend plus fort », il décrivait l'antifragilité. En effet, même si vous avez traversé des épreuves extrêmement difficiles, il est possible de grandir face à l'adversité et de devenir antifragile. Un traumatisme peut nous tirer vers le bas, mais il peut aussi nous élever ; il peut nous affaiblir ou nous rendre plus fort.

D'ailleurs, les recherches des psychologues Richard Tedeschi et Lawrence Calhoun, de l'université de Caroline du Nord, laissent penser que les personnes qui affrontent une épreuve ont plus de chances de vivre une croissance post-traumatique (CPT), que des troubles du stress post-traumatique[2] (TSPT). La plupart d'entre nous ont déjà entendu parler des TSPT, qui ont parfois des conséquences lourdes, telles que revivre le traumatisme, éprouver de l'anxiété et vivre une dépression, avoir des difficultés de concentration et des problèmes de sommeil. Mais il existe une autre conséquence potentielle, plus bénéfique, la CPT. Malheureusement, rien ne peut garantir qu'un traumatisme fera grandir ; néanmoins, il est possible d'assurer certaines conditions pour augmenter de manière significative la probabilité que cela se produise. De mon point de vue, l'un des objectifs essentiels de la science du bonheur est d'aider les personnes, les familles, les organisations et les communautés à comprendre et à mettre en place ces conditions, afin de sortir grandis des difficultés liées à la pandémie, ou de toute autre épreuve. Nous pouvons mettre beaucoup de choses en œuvre pour devenir antifragiles.

De la recherche à la recherche de soi

J'ai écrit ce livre afin que vous ayez quelque chose à quoi vous raccrocher dans les périodes tumultueuses, des notions vers lesquelles vous tourner, et plus important encore, des outils que vous pourrez expérimenter. Je suis psychologue et universitaire. Dans mon métier, je me sers énormément des outils de la recherche. Sachant que la recherche sur soi est bien plus importante que la recherche tout court. Cette dernière permet d'explorer ce que les autres ont fait, d'évaluer leurs actions et d'apprendre des résultats obtenus. La recherche de soi revient à faire la même chose, mais pour soi-même – c'est-à-dire, regarder au fond de soi, ressentir des changements.

Je lis énormément de biographies. On y apprend beaucoup, notamment lorsqu'il s'agit de personnes qui ont fait des choses exceptionnelles ou extraordinaires. L'une de mes préférées est celle du très vénéré leader et activiste indien, Mahatma Gandhi. Le titre de son autobiographie est *Autobiographie ou mes expériences de vérité*. Vous noterez les termes qui sont utilisés. Il n'a pas choisi *Ma recherche de la vérité*, ou bien *Ma découverte de la vérité*, mais bien *Mes expériences de vérité*. Tout au long de sa vie, alors qu'il défendait la justice sociale, Gandhi a expérimenté. Il a testé certaines choses. C'est exactement ce que j'aimerais que vous fassiez en lisant ce livre. Vous allez bien entendu apprendre beaucoup de choses à propos des recherches sur le bonheur ; et évidemment, vous y trouverez des conseils pour intégrer ces notions à votre vie. Mais par-dessus tout, j'aimerais que vous testiez ces idées et ces conseils, afin de voir ce qui fonctionne le mieux pour vous. Peut-être que certaines de ces solutions vous seront particulièrement utiles à cet instant précis de votre voyage ; d'autres le seront probablement plus tard ; d'autres encore ne vous concerneront sans doute jamais – or, il est difficile de le savoir avant d'avoir essayé.

Souvent, dans les périodes incertaines, on entend beaucoup de conseils sur ce que nous devrions ou ne devrions pas faire, que ce soit en tant que parents ou employés, d'un point de vue personnel ou professionnel. Avec ce livre, j'aimerais pouvoir transmettre certaines informations fondées sur des éléments factuels, afin que vous puissiez entreprendre une recherche de soi qui s'appuie sur des études psychologiques, et que vous remettiez un peu d'ordre dans tout ce chaos. Je veux vous donner des solutions que vous pourrez mettre en place et qui vous aideront à être plus heureux *dès aujourd'hui*.

J'ai commencé à étudier le bonheur parce que je n'étais moi-même pas heureux. Je ne suis pas certain d'avoir un jour atteint un état de dépression ou d'anxiété clinique, mais j'étais très souvent triste et stressé. C'est ce qui m'a conduit à m'intéresser à la psychologie positive. Trente ans plus tard, les gens me demandent : « Alors, est-ce que tu es heureux maintenant ? » Et ma réponse à cette question est : « Je ne sais pas. » En revanche, ce que je sais, c'est que je suis *plus heureux*. Comme vous le découvrirez dans cet ouvrage, le but de l'antifragilité n'est pas de vous guider vers un « tout est bien qui finit bien », car selon moi cet état n'existe pas. Le bonheur et la tristesse ne sont pas des états figés ou binaires, il n'existe pas de seuil en dessous duquel nous sommes malheureux et au-dessus duquel nous sommes heureux. Le bonheur s'inscrit dans un continuum. Au cours de ces trente dernières années, j'ai fait beaucoup de progrès et j'espère que dans cinq ou dix ans je serai encore plus heureux que je ne le suis déjà aujourd'hui – et je vous le souhaite aussi. C'est la raison pour laquelle ce livre a pour vocation de vous aider à être *plus heureux quoi qu'il arrive* et non *heureux quoi qu'il arrive*. Il s'agit d'un voyage qui dure toute la vie et qui prendra fin uniquement au terme de celle-ci.

Le mythe de la réussite et du bonheur

Après tout, c'est quoi exactement le bonheur ? Pourquoi est-il si important ? Et comment est-il possible de l'atteindre ?

Avant de nous pencher sur les définitions, permettez-moi de partager avec vous quelques études qui révèlent une incompréhension profonde et répandue sur le bonheur, sur son rôle dans nos vies et sur la manière de l'atteindre. La plupart des gens pensent que le chemin qui y conduit passe par la réussite. *Si seulement je pouvais réaliser mes rêves – atteindre ce but, franchir cette étape – alors je serais heureux.* Ou bien, à la suite d'échecs importants, nous pensons : *Mon rêve est terminé. Tout est gâché. J'ai échoué. Je ne pourrai jamais être heureux.* Selon cette vision des choses, la réussite est la cause, et le bonheur la conséquence. Or ce raisonnement est faux, non pas un peu erroné, mais *totalement* faux.

De nombreuses recherches remettent en question l'équation selon laquelle la réussite conduit au bonheur. Par exemple, Daniel Gilbert, professeur à l'université Harvard, a mené une étude auprès d'enseignants universitaires au moment le plus important de leur carrière, c'est-à-dire juste avant de savoir s'ils allaient obtenir leur titularisation[3]. Lorsqu'il leur a demandé ce qu'ils allaient ressentir après l'annonce des résultats, la plupart ont prédit qu'ils éprouveraient une joie durable s'ils étaient reçus, mais qu'ils se sentiraient anéantis pendant une assez longue période s'ils étaient refusés. Après tout, au sein du monde professoral, la titularisation est considérée comme le saint Graal. Elle est souvent le résultat d'un parcours de près de quinze ans et synonyme d'un emploi à vie. En outre, elle permet de ne plus être soumis à la pression de la publication permanente et d'avoir la possibilité de rester dans son université. Alors, que s'est-il véritablement passé après l'annonce des résultats ? Les enseignants qui ont été retenus étaient fous de joie, tandis que ceux qui ont été refusés étaient naturellement effondrés. Pourtant, sur la durée, cet événement en apparence majeur n'a eu qu'un effet mineur sur leur bonheur ou leur tristesse. En d'autres termes, ils avaient globalement surestimé les conséquences de cette réussite essentielle – ou de cet échec – sur leur bonheur. Cet événement, bien qu'il soit perçu par les enseignants comme important et qu'il représente potentiellement un tournant dans leur vie, a seulement conduit à un haut ou à un bas temporaire – et c'est tout.

Des études similaires ont été conduites sur des gagnants à la loterie[4]. Combien d'entre nous s'imaginent que, s'ils gagnaient au loto, leur vie changerait pour le meilleur et *pour toujours* ? Pourtant, malgré cette fortune soudaine, il s'avère que ce n'est pas ce qu'il se produit. Tout comme les professeurs fraîchement titularisés, les gagnants à la loterie ressentent un immense bonheur lorsqu'ils apprennent qu'ils ont gagné. Mais ensuite, leur état redevient exactement le même qu'auparavant. Ceux qui étaient malheureux sont généralement de nouveau malheureux ; après avoir vécu une ascension aussi brève que soudaine dans leur niveau de bien-être, rien n'a changé. Il en va de même pour d'autres événements importants de la vie, tels que notre mariage ou la perte d'un emploi : la plupart du temps, nous ressentons un haut ou un bas temporaire, avant de retourner au niveau où nous étions avant cet événement, sur le continuum du bonheur.

Un jour, alors que j'enseignais à Harvard, j'ai effectué un sondage parmi mes étudiants. Ils étaient environ mille dans ma classe et je leur ai demandé de se souvenir du 2 avril du printemps précédent ou de l'année précédente. Pourquoi le 2 avril ? Parce que c'est généralement à cette date que les lettres d'admission arrivent dans les boîtes aux lettres (de nos jours par e-mail), indiquant : *Félicitations, vous êtes accepté !* Ou bien : *Nous sommes au regret de vous informer que votre candidature n'a pas été retenue, car la concurrence était trop importante.* Bien entendu, ces étudiants étant assis dans ma classe, ils avaient tous été retenus. Alors je leur ai demandé : « Levez la main s'il vous plaît, ceux qui le 2 avril étaient heureux, voire fous de joie. » Quasiment toutes les mains se sont levées. Puis j'ai dit : « Laissez, s'il vous plaît, votre main en l'air, si le 2 avril vous pensiez que vous seriez heureux pour le restant de vos jours. » La plupart des mains sont restées en l'air. Pourquoi ? Parce que c'est ce qu'on leur a appris, et par conséquent, lorsqu'ils étaient au lycée, c'est ce qu'ils croyaient : *C'est normal si pour le moment tu as des difficultés, tu es stressé et tu te sens mal, mais si tu parviens à entrer dans l'un de tes premiers choix d'université, pour le restant de tes jours cela en aura valu la peine.* Puis j'ai dit : « D'accord, maintenant laissez votre main en l'air si *aujourd'hui* vous êtes heureux. » Je n'ai pas dit très heureux. Je n'ai pas dit fou de joie.

J'ai simplement dit heureux. La plupart des étudiants ont baissé leur main.

Aux États-Unis, la majorité des étudiants à l'université se sentent stressés et sont submergés par la quantité de tâches qu'ils doivent accomplir[5]. Le taux de dépression chez les adolescents et les jeunes adultes explose, une situation qui existait déjà bien avant l'apparition du coronavirus[6]. Les choses s'annoncent plutôt mal en matière de santé mentale ; pourtant, les gens continuent de penser que la réussite les conduira au pays du bonheur. Alors que ce n'est pas le cas !

Vos réussites vous permettent bien entendu de vous sentir bien, alors que vos échecs vous rendent triste. Cependant, ces fluctuations sont brèves et ne sont pas, en elles-mêmes, les pierres angulaires d'une vie heureuse ou malheureuse. Est-ce que cela signifie qu'il n'y a aucun lien entre la réussite et le bonheur ? Non. En réalité, un lien très fort existe, mais il est le contraire de ce que tout le monde croit. Ce n'est pas la réussite qui conduit au bonheur, mais plutôt *le bonheur qui conduit à la réussite*.

Pourquoi le bonheur est-il important ?

Les psychologues et les spécialistes en comportement organisationnel démontrent régulièrement que si vous augmentez votre niveau de bien-être, même un petit peu, alors votre réussite grandira de manière substantielle[7]. Je n'entends pas le terme réussite uniquement dans son sens traditionnel, celui d'atteindre un objectif, mais je lui donne également une signification plus étendue et multidimensionnelle. Votre réussite sera plus importante en tant que parent, partenaire, employé, entraîneur et ami.

En augmentant votre niveau de bien-être, même un tout petit peu, vous serez plus créatif et innovant, que ce soit au travail en tant qu'adulte, ou bien à l'école en tant qu'enfant. Le degré de productivité et d'implication professionnelle ou scolaire croît significativement et simultanément lorsque le bien-être augmente. De manière générale, être plus heureux nous rend plus gentils et plus généreux, ce qui réduit la probabilité d'adopter un comportement violent ou immoral. Nos systèmes immunitaires mentaux et physiologiques sont liés, donc en augmentant notre niveau de bien-être, nous renforçons notre résilience psychologique et nous stimulons notre résilience physique. Les gens heureux sont en meilleure santé, ils sont davantage capables de combattre une maladie et (en tenant compte d'autres facteurs) ils vivent plus longtemps[8] !

En outre, nous ne sommes pas les seuls à récolter les bénéfices lorsque notre niveau de bien-être augmente. Ce dernier améliore nos relations avec les autres, ce qui est d'autant plus important lorsque tant d'entre nous sont contraints de rester au même endroit, le plus souvent avec les mêmes personnes et sur une longue période[9]. Cela ne veut pas dire qu'être heureux élimine tous les conflits du foyer. Il y aura toujours des mécontentements, vous aurez toujours des désaccords – certains jours vous aurez peut-être envie de vous arracher les cheveux ou vous ne supporterez plus autant de proximité avec les mêmes personnes. C'est normal. Cela fait partie de votre condition humaine. Toutefois, même une légère stimulation de votre bien-être peut vous permettre de rencontrer moins de tensions relationnelles, et lorsque celles-ci auront lieu, vous serez mieux armé pour les affronter. Par ailleurs, le bien-être étant contagieux, en augmentant votre propre bonheur, vous aiderez les gens autour de vous à être plus heureux. Vous contribuez ainsi à rendre le monde plus heureux, meilleur, en meilleure santé et plus moral.

Qu'est-ce que le bonheur ?

Je suis certain que vous ne serez pas surpris si je vous dis qu'il n'existe pas une seule définition du bonheur, avec laquelle tout le monde serait d'accord. Il existe en réalité probablement autant de descriptions du bonheur que d'êtres humains, ce qui a conduit de nombreuses personnes, y compris les experts du domaine, à affirmer que le bonheur s'apparente à la beauté : vous le reconnaissez uniquement lorsque vous le voyez ou le ressentez. Néanmoins, je suis convaincu qu'il est essentiel de définir le bonheur pour pouvoir le comprendre, le rechercher et l'atteindre. Vous ne serez peut-être pas d'accord avec le sens que je lui donne, et ce n'est pas grave. Je ne prétends pas détenir une vérité ultime. Ainsi, que vous utilisiez ma définition ou bien une autre, cela n'a aucune importance. Ce qui compte, c'est que vous réfléchissiez à ce que le bonheur représente pour *vous*, pour ensuite mieux l'analyser et comprendre comment vous pouvez l'atteindre.

La définition que je propose a été établie avec mes consœurs Megan McDonough et Maria Sirois à partir du travail de Helen Keller, qui a écrit au début du

XXe siècle : « Selon moi, la seule définition satisfaisante du bonheur, c'est la plénitude[10]. » En développant les mots de Helen Keller, nous avons défini le bonheur comme *le bien-être d'une personne entière.* En associant les deux expressions, *bien-être* et *personne entière*, nous proposons une définition encore plus succincte : *le bonheur, c'est l'entièreté.*

Ne serait-ce pas merveilleux, lorsque les gens me demandent ce qu'est le bonheur, si je pouvais simplement leur répondre : « C'est l'entièreté ! » Malheureusement, ce n'est pas aussi simple, et pour deux raisons. La première est que, pour que cette définition soit utile et facile à appliquer à nos vies, nous devons analyser de manière plus détaillée l'expression « le bien-être d'une personne entière », comme nous le ferons plus tard. La seconde raison est liée à un paradoxe inhérent à notre recherche du bonheur.

Le paradoxe du bonheur

Être plus heureux apporte de nombreux bénéfices : votre système immunitaire physique se renforce, vos relations évoluent, votre productivité et votre créativité croissent, et vos performances globales au travail comme à l'école s'améliorent. Au-delà de tous ces avantages, l'intérêt du bonheur réside dans le fait qu'il est tout simplement agréable de se sentir bien. Il est dans notre nature de rechercher le plaisir, de fuir la douleur et de vouloir ressentir la légèreté de la joie plutôt que le poids de la souffrance.

Il y a néanmoins un problème. Les études indiquent qu'il peut être dangereux d'accorder trop d'importance au bonheur ou de vouloir être plus heureux. La psychologue Iris Mauss, de l'université de Californie à Berkeley (et par la suite d'autres spécialistes), a démontré que les personnes pour qui le bonheur est très important, qui proclament que *c'est une valeur fondamentale*, sont finalement les moins heureuses et celles qui se sentent les plus seules au monde[11]. Vous rappeler en permanence à quel point il est essentiel d'être heureux et à quel point vous le désirez peut se retourner contre vous.

C'est cela, le paradoxe du bonheur : plus nous lui donnons de l'importance et le recherchons, plus il est insaisissable.

Comment est-il possible de résoudre ce paradoxe, si nous voulons être plus heureux ? Peut-être par l'aveuglement ? Devons-nous nous leurrer, en prétendant que cela nous est égal, alors que secrètement, au plus profond de nous, cela n'est pas vrai ? Est-ce que nous devons nous dire : *Je ne veux pas être heureux (clin d'œil)...* ? Cela devient compliqué ! Heureusement, il existe une solution. Nous pouvons rechercher le bonheur de manière *indirecte*.

Si je me réveille le matin et que je me dis : *Je veux être heureux et je vais être heureux quoi qu'il arrive !*, j'entre alors dans une poursuite directe du bonheur. Cette quête délibérée me rappelle à quel point il est important pour moi d'être heureux, à quel point cela m'est essentiel ; ce qui me causera plus de tort que de bien. Alors, que signifie rechercher indirectement le bonheur ? Au lieu de faire des efforts pour être heureux, nous pouvons rechercher *les éléments* qui nous permettront de l'être. De cette façon, nous nous concentrons sur leur valeur plutôt que sur leur importance.

Je vous propose une analogie : pensez à la lumière du soleil, essentielle à la vie sur terre. Que se passe-t-il si vous regardez *directement* le soleil ? Vous avez mal aux yeux. Vous pouvez les abîmer, voire devenir aveugle. Alors, comment observer le soleil sans vous mettre en danger ? Vous pouvez le regarder *indirectement,* à travers un prisme qui dispersera les éléments qui composent sa lumière, les couleurs, et qui formera un arc-en-ciel. Vous pouvez ainsi regarder et apprécier ce qui se trouve directement sous vos yeux.

Il en va de même avec le bonheur. Le rechercher directement conduit à la tristesse – c'est ce qu'Iris Mauss et d'autres ont découvert. À l'inverse, rechercher indirectement le bonheur – c'est-à-dire, détailler tout d'abord les éléments qui le composent, avant de partir à la recherche de ceux-ci – est le chemin à suivre pour être véritablement heureux. Pour reprendre les propos du philosophe anglais du XIXe siècle John Stuart Mill : « Ceux-là seulement sont heureux [...] qui ont l'esprit tendu vers quelque objet autre que leur propre bonheur[12]. »

À présent, la question la plus importante que nous devons nous poser est : quels sont ces autres sujets sur lesquels concentrer notre attention ? Quelles sont les couleurs métaphoriques de l'arc-en-ciel qui composent le bien-être d'une personne entière, que nous *pouvons* rechercher et qui nous conduiront indirectement vers la lumière ?

Gravir la SPIRE

En élaborant une nouvelle façon d'être heureux – c'est-à-dire en épluchant la totalité de l'histoire intellectuelle mondiale et en assemblant les idées des poètes aux philosophes, des théologiens aux scientifiques, des économistes aux psychologues –, mes consœurs et moi-même avons identifié cinq clés fondamentales qui vous ouvriront indirectement les portes du bonheur. Il s'agit du bien-être spirituel, physique, intellectuel, relationnel et émotionnel[13]. Chacun de ces éléments contribue au bien-être d'une personne entière et représente une clé pour être plus heureux. Ils forment ainsi l'acronyme SPIRE.

Bien-être spirituel : Vivons-nous en étant complètement présents et déterminés ? Le bien-être spirituel signifie d'abord trouver un sens et un but. Celui-ci peut bien entendu être religieux, mais ce n'est pas une obligation. Une banquière dont le métier est une vocation peut trouver plus de bien-être spirituel dans son travail qu'un moine dont la charge est dénuée de sens. Nous pouvons également ressentir un bien-être spirituel lorsque nous sommes présents ici et maintenant, et non lorsque nous sommes distraits. Être pleinement présents nous permet de transformer des expériences ordinaires en événements extraordinaires.

Bien-être physique : Prenons-nous soin de nos corps ? Il est ici question du lien entre le corps et l'esprit, et des conséquences qu'ils ont l'un sur l'autre. Le bien-être physique signifie prendre soin de soi en étant actif, en faisant par exemple de l'exercice, et en étant inactif, ce qui peut prendre la forme du repos et de moments de récupération. En mangeant sainement et en traitant notre corps avec bienveillance, nous nourrissons notre bien-être physiologique et psychologique.

Bien-être intellectuel : Notre esprit est-il stimulé ? Sommes-nous curieux ? Nous devons affûter nos connaissances et apprendre de nouvelles choses. L'un des aspects positifs de la pandémie est que nous avons été nombreux à passer plus de temps chez nous, avec du temps libre pour nous investir dans des activités favorables à notre développement et à notre épanouissement intellectuel. Les recherches montrent que les personnes qui posent en permanence des questions et qui ont une soif d'apprendre sont généralement plus heureuses, et aussi en meilleure santé. Ainsi la curiosité est-elle source de longévité[14] !

Bien-être relationnel : Cultivons-nous des relations qui nous font du bien ? Le premier indicateur du bonheur réside dans la qualité du temps que nous passons avec les personnes qui comptent pour nous, et pour qui nous comptons aussi. Nous sommes des animaux sociables et nous avons besoin de liens et du sentiment d'appartenance. Mais ce bien-être ne concerne pas uniquement nos échanges avec les autres, il dépend aussi de la relation que nous avons avec nous-mêmes. Comme l'a dit un jour le philosophe Blaise Pascal : « [...] tout le malheur des hommes vient d'une seule chose qui est de ne savoir pas demeurer en repos dans une chambre. » L'isolement n'est pas nécessairement synonyme d'éloignement. Il est d'ailleurs possible d'entretenir des relations épanouissantes et saines, même lorsque nous sommes loin des personnes que nous aimons.

Bien-être émotionnel : Respectons-nous nos sentiments ? Ceux-ci sont-ils équilibrés ? Comment traitons-nous les émotions douloureuses inévitables, lorsqu'elles apparaissent ? Comment cultivons-nous les émotions plus agréables, telles que la joie, la gratitude et l'excitation ? Et comment pouvons-nous conserver durablement un état de bien-être, et non simplement apprécier quelques embellies temporaires ?

Voici les cinq clés qui forment ensemble la SPIRE et que nous allons détailler dans cet ouvrage. *Spire** est un terme approprié. Il désigne notamment le point le plus haut d'un édifice, tel que le clocher d'une église. Or, le bonheur est le point culminant que nous visons, l'étoile que nous aspirons à atteindre. *Spire* veut également dire « respirer ». Or le bonheur nous permet de respirer, il nous donne plus d'énergie, d'implication et de motivation. Ensemble, les clés qui composent la SPIRE nous incitent à vivre la meilleure version de notre vie, celle d'une existence plus heureuse.

Que dire du bien-être financier ?

Récemment, quelqu'un m'a dit : « Vous devriez ajouter une sixième clé à la SPIRE : le bien-être financier. » Il n'était

* En anglais, signifie « flèche ». (*N.d.T.*)

pas le premier à me faire cette suggestion. Lorsque j'évoque la SPIRE devant mes étudiants, il y en a toujours un pour demander : « Et l'argent, alors ? » Mais cette fois-ci, mon interlocuteur est allé plus loin. Il a précisé : « Vous pourriez le nommer le "bien-être *affluential*[*]", cela formerait ainsi le mot ASPIRE[**]. Vous auriez toujours un acronyme intéressant ! » J'y ai donc réfléchi.

Mais je n'ai pas ajouté le « bien-être *affluential* » ni adopté ASPIRE, parce que selon moi le bien-être financier fait déjà partie de la SPIRE. Les cinq clés qui la composent sont les caractéristiques primaires d'une personne, alors que le bien-être financier est secondaire.

Que disent les philosophes de la hiérarchisation de ces caractéristiques ? Aristote estime par exemple que l'homme est un animal rationnel – bien-être intellectuel. Viktor Frankl et les existentialistes nous définissent comme des animaux en quête de sens – bien-être spirituel. John Donne a écrit : « Nul homme n'est une île », nous sommes des animaux sociables qui avons besoin de la compagnie des autres – bien-être relationnel. Évidemment, les émotions représentent une part essentielle de ce qui fait de nous des êtres humains, et nous n'avons nul besoin de Sigmund Freud ou de David Hume pour nous en convaincre. Quant au bien-être physique, il nourrit l'animal qui est en nous, et qui est assurément une part de notre essence (tout comme l'*animal* rationnel, l'*animal* en quête de sens, etc.) En revanche, peu de personnes, voire aucune, n'envisagent l'être humain comme une créature financière ou un animal financier. Bien que l'argent puisse avoir des conséquences sur nos vies spirituelles, physiques, intellectuelles, relationnelles et émotionnelles, il n'est qu'un outil et non une qualité intrinsèque de la condition humaine.

* En anglais, signifie « riche », « influent ». (*N.d.T.*)

** En anglais, signifie « aspirer ». (*N.d.T.*)

Cela ne signifie pas que le bien-être financier n'est pas important. Au contraire. Pour connaître la plénitude, il est vital que nous puissions répondre à nos besoins les plus élémentaires, qui sont l'alimentation, l'habillement et le logement. Si vous vivez dans la pauvreté et que vous ne disposez même pas du strict nécessaire, il est évident que cela vous affectera, ainsi que vos proches. Le rôle du bien-être financier est donc essentiel, surtout en période de crise, où le risque de devoir faire face à des difficultés économiques est grand.

L'argent a des conséquences sur notre bonheur tant que nos besoins élémentaires ne sont pas comblés ; en revanche, au-delà de ce point, davantage de richesse ne contribue pas particulièrement à la plénitude. Ce qui est intéressant, c'est qu'une fois que nous avons les moyens suffisants pour couvrir nos besoins élémentaires, ce qui a le plus de conséquences sur notre bonheur, ce n'est pas d'avoir encore plus d'argent, mais la façon dont nous l'utilisons. Les études montrent que ce qui nous rend le plus heureux, c'est de dépenser nos revenus dans des expériences (des vacances, par exemple) plutôt que dans des objets (tels que de nouveaux vêtements)[15]. En outre, contrairement à ce que l'on pourrait croire, nous pouvons également choisir d'être généreux. Comme nous l'évoquerons plus amplement dans la suite de cet ouvrage, en donnant et en aidant les autres, nous sommes plus heureux.

Pour terminer, gardez à l'esprit que si la quête des clés de la SPIRE ne peut vous garantir la sécurité financière, compte tenu du lien entre la réussite et le bonheur, elle pourra toutefois y contribuer.

....

Un véritable changement est possible

L'une des étapes clés vers davantage de bonheur est de prendre conscience que vous avez le pouvoir de faire croître celui-ci. Les recherches des psychologues et des neuroscientifiques – tels que Richard Davidson, Sonja Lyubomirsky, Jeffrey Schwartz et Carol Dweck – montrent clairement que les niveaux de bien-être *peuvent changer et changent* ; ils sont malléables et non figés[16]. Cela ne veut pas dire que vous pouvez rapidement et radicalement changer votre état – car il s'agit d'un processus qui demande du temps –, mais que de minces victoires et de menues progressions sont tout à fait possibles. Si, sur une longue période, vous parvenez à une petite évolution, puis à une autre et ainsi de suite, vous obtiendrez de grandes avancées.

C'est un peu comme être dans un avion. Lorsque vous êtes installé dans votre siège et que vous regardez l'écran qui se trouve devant vous contre le dossier du fauteuil, la chaîne qui s'affiche par défaut est celle de l'itinéraire du vol. Vous pouvez observer avec attention le petit avion qui se trouve sur la carte et ne jamais avoir l'impression qu'il bouge. Puis vous vous endormez (ou vous passez beaucoup de temps à essayer de ne pas vous endormir), et vous vous réveillez, un peu de bave au coin de la bouche, et vous levez les yeux. Que voyez-vous ? L'avion sur la carte a bougé ! Vous avancez ! De la même manière, lorsque vous faites des efforts pour être plus heureux, même si ces changements sont lents et au début imperceptibles, avec le temps, vos progrès seront plus visibles.

Il est néanmoins important de préciser que vous devrez toujours affronter les épreuves, les difficultés et les souffrances de la vie, quels que soient le nombre de changements que vous mettez en œuvre et les progrès que vous faites. La psychologie du bonheur n'est pas une panacée. Il ne s'agit pas d'un mode de pensée magique ; elle ne résoudra pas non plus tous vos soucis. En revanche, ce qu'elle *peut* faire, c'est vous aider à éviter certains tourments inutiles. Comme nous l'évoquerons au chapitre 5, il existe deux formes de souffrance face à l'adversité. La première est la douleur directement issue d'une situation : que ce soit à propos de vos finances ou parce que vous êtes contrarié par un désaccord avec votre conjoint, ou encore, après la perte d'un être cher. Ce premier niveau ne peut être évité. En revanche, le second niveau apparaît lorsque nous rejetons le premier ou lorsque nous nous privons de nos besoins humains élémentaires, tels que faire de l'exercice, apprendre, nous faire des amis, ou encore lorsque nous ne parvenons pas à embrasser l'instant présent et à apprécier tout ce que nous avons déjà. Il est peu probable que ce livre, ou d'ailleurs n'importe quel autre livre, vous aide à faire face au premier niveau de souffrance, mais il peut très certainement vous aider pour le second.

À l'époque où je terminais mes études supérieures, l'économie était en train de s'effondrer. L'un des thèmes de mon doctorat étant lié au monde des affaires, je me suis vu confier des élèves de licence, afin de les aider à préparer leur entrée dans le monde du travail – écrire leur *curriculum vitae*, postuler à des emplois et se préparer aux entretiens d'embauche. Un jour, on m'a demandé d'aborder le sujet de la situation du marché de l'emploi. J'ai choisi d'être franc avec mes étudiants. « Eh bien, le contexte n'est pas le même que celui de l'an dernier. » L'année précédente, les entreprises qui recrutaient proposaient des primes à l'embauche. À présent, elles licenciaient leurs employés. « Cette année va être plus compliquée, ai-je ajouté. Et vous allez devoir travailler encore plus dur pour trouver un emploi. » C'est à ce moment-là que l'un des étudiants a levé la main et a dit : « Tal, vous êtes notre professeur du bonheur ; en classe, vous nous parlez d'optimisme, et pourtant, depuis vingt minutes, vous n'avez cessé d'être pessimiste. N'auriez-vous pas un message plus positif à partager avec nous ? »

Il y eut quelques gloussements dans la salle, puis le silence. Pour être honnête, je ne savais pas quoi dire. J'ai eu envie de répondre que tout irait pour le mieux, mais avant d'avoir eu le temps d'ouvrir la bouche, je me suis aperçu que je n'étais pas totalement en accord avec cette expression. Tout ne se passe pas toujours pour le mieux. Alors j'ai dit : « Je vais y réfléchir et je reviendrai vers toi. » Quelques jours plus tard, je suis allé trouver mon étudiant avec la réponse suivante : tout ne se passe pas forcément pour le mieux, mais nous pouvons choisir de faire du mieux que nous pouvons avec ce qu'il nous arrive.

Que ce soit une crise économique ou une pandémie dévastatrice, ce n'est probablement pas le mieux qu'il puisse arriver. Les gens sont anxieux, ils rencontrent des difficultés, ils souffrent et parfois même ils meurent. Cependant, quelle que soit la crise, elle s'est produite. Il n'y a rien que l'on puisse faire contre le passé ; en revanche, c'est à nous de tracer notre route présente et future. Nous autoriser à être des humains, faire régulièrement de l'exercice, prendre le temps de récupérer, être gentils, apprendre de ce que nous sommes en train de traverser, cultiver davantage nos relations avec les autres, être pleinement présents, apprécier les choses simples de la vie – voici toutes les actions concrètes que nous pouvons choisir de mettre en œuvre, afin d'agir pour le mieux dans la situation qui est la nôtre.

Bilan personnel de la SPIRE

À la fin de chaque chapitre, vous trouverez un exercice qui s'intitule : « Bilan personnel de la SPIRE ». Celui-ci vous permettra d'évaluer vos progrès. Il s'agit d'une technique développée par Maria Sirois, Megan McDonough et moi-même. Elle permet de vous poser quelques questions simples à propos de chaque clé de la SPIRE, d'examiner où vous en êtes aujourd'hui et de réévaluer votre situation plus tard. Cet exercice a pour objectif de rapidement vous offrir une vision d'ensemble de votre état. Voici un aperçu des questions que vous trouverez pour chaque type de bien-être :

Spirituel : Avez-vous le sentiment que votre travail a un sens et un but ? Votre vie personnelle vous semble-t-elle avoir un sens et un but ? Êtes-vous présent ? Êtes-vous pleinement conscient de l'instant présent ?

Physique : Quel est votre niveau d'activité physique ? Prenez-vous soin de votre corps ? Prenez-vous du temps pour vous reposer et récupérer ? Comment gérez-vous votre stress ?

Intellectuel : Apprenez-vous de nouvelles choses ? Posez-vous assez de questions ? Consacrez-vous du temps à un apprentissage approfondi ? Échouez-vous suffisamment souvent ?

Relationnel : Partagez-vous des moments agréables avec votre famille et vos amis ? Entretenez-vous des relations profondes avec les autres ? Prenez-vous soin de vous ? Êtes-vous une personne généreuse ?

Émotionnel : Ressentez-vous des émotions agréables ? Acceptez-vous d'éprouver des sentiments douloureux ? Tenez-vous pour acquis l'essentiel de ce que la vie vous a offert ? Êtes-vous reconnaissant pour tout ce que vous avez ?

Pour chaque bilan de la SPIRE, munissez-vous d'un papier et d'un stylo et répondez à ces questions. Cet exercice comporte trois étapes. Pour la première, il faut *attribuer* un score à chaque clé. Réfléchissez à vos réponses et déterminez votre niveau de bien-être spirituel sur une échelle de 1 à 10, 1 étant faible ou très peu fréquent et 10 élevé ou très fréquent. Par exemple, dans quelle mesure avez-vous le sentiment que votre vie a du sens ? À quel point êtes-vous pleinement présent ou distrait ? À partir de vos réponses, donnez une note à votre bien-être spirituel, puis faites la même chose pour le bien-être physique, intellectuel, relationnel et émotionnel.

La deuxième étape consiste à *décrire* les raisons pour lesquelles vous vous êtes attribué cette note. Pourquoi avez-vous donné un 6 ou un 4 à votre bien-être spirituel ? Peut-être que votre vie de famille a du sens, alors que votre vie professionnelle ne semble en avoir aucun. Quant à votre pleine conscience, vous avez peut-être inscrit à côté : *Je suis fréquemment distrait par les nouvelles du monde*, ce qui est la raison pour laquelle vous n'êtes pas totalement présent. Ou alors, il est possible que vous vous soyez rendu compte que toutes les cinq minutes vous vérifiez les sites d'informations en ligne. Décrivez les raisons de ce qui vous pose problème, pour chacune des cinq clés de la plénitude.

La dernière étape consiste à *prescrire* : vous devez indiquer de façon aussi concrète et précise que possible, toujours pour chaque clé de la SPIRE, comment vous pourriez faire évoluer ce score. Non pas de 10 points. Ni même de 5 points. Mais simplement de 1 point. Quelle est l'unique petite chose que vous pourriez faire afin que votre vie quotidienne ait plus de sens ? Comment pourriez-vous être un tout petit peu plus présent avec vos amis ? Et ainsi de suite.

Il y aura peut-être des sujets pour lesquels votre score vous conviendra déjà. Si pour votre bien-être physique, un 7 vous satisfait, alors songez à ce que vous pourriez faire pour le maintenir, ou bien restez-en là et concentrez-vous sur les domaines que vous souhaitez améliorer. Dans chaque chapitre, je partagerai avec vous des astuces pour stimuler votre bien-être. Ce livre a pour but de vous aider à prescrire des actions – fondées sur des comptes rendus scientifiques qui se basent sur des éléments factuels – qui vous permettront de faire avancer votre note d'un point, voire de deux, et peut-être même de plus avec le temps.

Évaluer chaque clé nous permet tout d'abord d'avoir une vision d'ensemble de notre degré initial de bonheur. Où que vous soyez sur cette échelle pour le moment, même si vous vous trouvez au niveau d'un 1 ou d'un 2, vous pouvez vous servir de cette base pour construire l'avenir. Souvenez-vous, le but de ce livre n'est pas d'être heureux, mais d'être *plus* heureux. Au cours des prochaines semaines, mois et années, continuez de faire le point avec vous-même pour bâtir l'antifragilité dont vous avez besoin pour résister aux hauts et aux bas de la vie.

Tel un bâtiment que l'on consoliderait pour qu'il résiste à un tremblement de terre, la SPIRE vous offre une structure afin de trouver le bonheur, même au milieu des catastrophes de la vie – car des malheurs, qu'ils soient d'origine naturelle ou humaine, il y en aura. Il est fort probable que vous trembliez lorsque tout à coup le sol bougera sous vos pieds, puis bougera encore un peu plus. Mais vous ne vous effondrerez pas. Lors d'un ouragan, les vents violents peuvent vous faire vaciller. Mais vous ne romprez pas. Vous pourrez non seulement ressortir intact de ces défis, mais vous pourrez également être plus fort et plus heureux qu'avant.

Quoi qu'il arrive.

1

Bien-être spirituel

La marque constante de la sagesse
est de voir le miraculeux dans le banal.

Ralph Waldo Emerson

C'est l'histoire d'un touriste qui visite l'Italie. Il arrive par hasard sur un chantier de construction qui fourmille d'ouvriers. Il s'approche de l'un d'eux et lui demande : « Que faites-vous ? » L'homme lui répond : « Je pose des briques. »

Une vingtaine de mètres plus loin, le touriste rencontre un autre travailleur en train de réaliser la même tâche. Alors il lui demande : « Que faites-vous ? » Celui-ci dit : « Je construis un mur. »

Enfin, l'homme croise sur le site un troisième ouvrier qui effectue le même travail que les deux autres. Le touriste lui demande : « Que faites-vous ? » L'homme le regarde et lui répond : « Je construis une cathédrale à la gloire de Dieu. »

Quel que soit le caractère répétitif d'une tâche ou l'ampleur d'un défi, c'est notre point de vue qui compte le plus et qui fait toute la différence dans notre façon de vivre les choses.

La première clé de la SPIRE du bonheur est le bien-être spirituel. La plupart des gens associent la spiritualité à la religion ou à la prière. Pourtant, ce n'est en aucun cas une condition requise. Bien que celle-ci puisse évidemment être vécue dans une synagogue, une église, une mosquée ou un temple, il est possible de la trouver dans notre vie de tous les jours. La spiritualité peut se vivre de deux façons : lorsque nous avons le sentiment que nos actes ont un sens et un but, et lorsque nous sommes pleinement conscients et concentrés sur l'instant présent.

Une distinction importante doit néanmoins être faite en matière de spiritualité. Dans son livre *Découvrir un sens à sa vie*, Viktor Frankl différencie « le sens *de* la vie » et « un sens *à* la vie ». Le sens *de* la vie peut engendrer des questions telles que : *Pourquoi suis-je ici ? Quel est le but de l'existence ? À quoi sert la vie ?* Un grand nombre de personnes recherchent des réponses à ces questions dans la religion, ou bien dans de nobles missions pour le bien commun, telles que la lutte contre la pauvreté ou le réchauffement climatique. Il est généralement difficile de trouver le sens de la vie – il est parfois même intimidant de réfléchir à ce concept, en particulier dans les moments difficiles et alors que nous cherchons simplement à survivre à la journée. En revanche, il est beaucoup plus facile de trouver un sens *à* la vie : dans les choses ordinaires que nous accomplissons de manière systématique, dans l'instant présent, dans nos activités quotidiennes, à la maison ou au travail. Pour ressentir un bien-être spirituel, c'est donc le sens à la vie que nous allons principalement aborder, car c'est avec ce concept que nous pouvons sincèrement nous ouvrir à une existence plus heureuse, même dans les moments difficiles.

L'importance de l'objectif

Ces temps-ci, que ressentez-vous à propos de vos activités ? Qu'est-ce qui vous motive ?

Les recherches peuvent nous aider à comprendre notre façon de concevoir notre métier. À l'université du Michigan, Amy Wrzesniewski et Jane Dutton, psychologues en comportements organisationnels, ont conduit sur le sujet une étude révélatrice[1]. Elles se sont aperçues que les gens considèrent leur métier de trois manières différentes.

Il y a les personnes qui perçoivent leur travail avant tout comme un simple job alimentaire – une corvée qu'ils accomplissent par nécessité, parce qu'ils ont besoin d'un revenu. Un job alimentaire est vu comme une tâche que vous n'avez d'autre choix que d'exécuter. Si vous appartenez à cette catégorie, vous devez avoir un sentiment de contrainte. Quelles sont alors vos perspectives lorsque vous exercez un job alimentaire ? Vous visez probablement la fin de la journée ou de la semaine, des vacances que vous attendez depuis longtemps, ou bien le jour où vous pourrez enfin prendre votre retraite.

Il y a ensuite les personnes qui envisagent leur travail principalement comme une carrière : une hiérarchie au sein de laquelle avancer. Pour elles, il s'agit avant tout d'une course folle, d'atteindre la réussite. Voir son travail de cette façon, c'est être tourné vers le futur et vers la récompense. Votre travail vous motive parce que vous souhaitez évoluer, vos perspectives sont l'augmentation, la prime, la promotion.

Enfin, il y a ceux qui considèrent leur travail comme une vocation. Pour ces personnes, leur métier est utile. Elles en veulent toujours plus, car leur activité compte sincèrement pour elles, et elles y prennent du plaisir. Il s'agit même d'une passion, qui va au-delà du simple devoir ou de la nécessité d'avoir un salaire. Pour vous, ce travail a du sens, il est important.

La plupart d'entre nous avons déjà eu, à des moments différents, ces trois points de vue. Il y a des jours où notre travail est une corvée, d'autres où nous nous concentrons uniquement sur l'avancement de notre carrière ; enfin, parfois, nous aimons véritablement ce que nous faisons. La question qui se pose alors est : quel est notre état d'esprit dominant ? Quel est notre sentiment général à propos de notre métier ?

Selon vous, laquelle de ces trois affirmations vous correspond le mieux :

- Je considère mon travail principalement comme un job alimentaire. Je n'y prends aucun plaisir, mais je dois le faire.
- Je considère mon travail principalement comme une carrière. Tout ce qui compte pour moi, c'est la progression et la réussite.

- Je considère mon travail principalement comme une vocation. Je suis passionné par ce que je fais, mon métier a du sens.

Amy Wrzesniewski et Jane Dutton se sont rendues sur plusieurs lieux de travail pour y étudier les employés, identifier et classer leurs états d'esprit. Au cours de leurs enquêtes, elles ont visité un hôpital et ont interrogé plusieurs membres du personnel ayant des rôles et des positions hiérarchiques très différentes. Le premier groupe qu'elles ont rencontré était celui des agents de propreté, qui jour après jour sont responsables du balayage des sols, du nettoyage des toilettes et du changement des draps. Parmi eux, il y en avait qui percevaient leur travail comme un simple job alimentaire. *Je le fais parce que je n'ai pas d'autre choix, j'ai besoin d'argent pour vivre. J'ai hâte que ma journée se termine.* Puis d'autres, qui effectuaient les mêmes tâches, ont dit qu'ils envisageaient leur métier comme une carrière. Le but pour eux était de monter en grade, d'obtenir un poste plus élevé qui serait mieux rémunéré. Enfin, dans ce même hôpital, des agents qui balayaient les sols, nettoyaient les toilettes et changeaient les draps considéraient leur activité comme le maillon d'une vaste chaîne : à leur façon, ils aidaient le travail des médecins et des infirmières, et participaient au rétablissement des patients.

Il n'est donc pas surprenant que les agents du troisième groupe, pour qui le travail avait un sens, aient eu un comportement différent. De manière générale, ils étaient plus heureux et serviables, plus amicaux et susceptibles de prendre des nouvelles des patients.

Naturellement, même au sein de ce groupe, il y avait des jours où le travail n'était vu que comme un job alimentaire et où ils avaient uniquement envie de rentrer chez eux, d'autres où seule la carrière comptait et où leur souci principal était d'évoluer et de gagner plus d'argent. Malgré tout, ils voyaient globalement leur travail quotidien comme une vocation.

Amy Wrzesniewski et Jane Dutton ont ensuite rencontré les médecins. Elles ont découvert qu'eux aussi pouvaient être répartis selon ces trois points de vue. Il y avait les médecins pour qui le travail était une corvée. Leur ressenti était : *J'ai hâte que cette semaine se termine. Cela fait vingt ans que je pratique et j'en ai assez.* D'autres envisageaient leur statut comme un tremplin pour devenir chefs de service ou chefs de pôle. *Quand est-ce que je vais avoir cette augmentation ? Qu'en est-il de cette promotion ?* Enfin, il y avait ceux passionnés par leur travail et pour qui l'exercice de la médecine était une vocation. *J'étais voué à faire ce métier.* Bien que les chercheuses aient obtenu un plus grand pourcentage de docteurs que d'agents de propreté qui percevaient leur activité comme une vocation, certains médecins envisageaient leur travail comme un simple job alimentaire ou comme une carrière. Elles, et d'autres spécialistes, ont retrouvé le même schéma au sein de plusieurs professions – telles que les ingénieurs, les professeurs des écoles, les banquiers et les coiffeurs. Il se trouve que votre point de vue dominant joue un rôle essentiel sur votre bien-être, ainsi que sur votre façon de travailler sur le long terme.

Le beau-frère de mon associé Angus Ridgway est un cardiologue spécialisé dans la pose d'implants cardiaques. Quelques années après chaque intervention, il retire l'implant, remplace la batterie et le remet. Un jour, alors qu'Angus déjeunait avec son beau-frère, il lui a dit : « J'ai enfin compris en quoi consiste ton travail. » L'intéressé a répondu : « Vraiment ? Alors en quoi consiste-t-il ? » Angus, qui a toujours le mot pour rire, lui a dit : « Tu changes des batteries ! »

Son beau-frère l'a regardé avec une grande intensité et a répondu : « Tu as tout à fait raison. Il y a des jours où je change des batteries ; et d'autres, où je sauve des vies. » C'est donc en cela que réside la distinction.

Un jour, j'ai moi-même été le témoin d'un état d'esprit tourné vers la vocation dans des circonstances qui m'ont paru assez improbables : en essayant d'obtenir un crédit. Il y a quelques années, avec ma femme, nous avons trouvé la maison de nos rêves. Lorsque nous avons découvert son prix, la situation a bien failli tourner au cauchemar. Mais nous aimions vraiment cette maison et nous la voulions, alors nous avons décidé de nous lancer.

Les jours suivants, nous nous sommes rendus à la banque pour déposer une demande de prêt. Nous avons rencontré la banquière et dès l'instant où je l'ai vue, j'ai perçu quelque chose de particulier chez elle : elle était étrangement enjouée. Elle s'est assise et a parcouru avec nous un nombre incalculable de tableaux Excel. Pourtant, à chaque nouveau clic de souris, elle se montrait étonnamment joyeuse. « Ici, les intérêts sont de 4,1 % ! Là, de 3,9 % ! Il s'agit d'un prêt sur quinze ans et ici sur trente ! »

Nous avons finalement obtenu notre crédit. Quelques semaines plus tard, lorsque nous sommes revenus à la banque pour signer les papiers – ce qui n'est pas une mince opération –, la banquière fut tout aussi souriante et joyeuse pendant la totalité des quarante minutes que notre rendez-vous a duré. À la fin de la rencontre, je lui ai dit : « Vous aimez votre métier, n'est-ce pas ? » Elle a répondu : « J'adore mon travail. » J'ai renchéri : « Vraiment ? Pourquoi ? » Ce à quoi elle a répliqué : « Parce que tous les jours, j'aide les gens à réaliser leurs rêves. » Quelques secondes se sont écoulées, elle nous a regardés, a souri, puis elle a ajouté : « Aujourd'hui, je vais faire la même chose pour vous. » Et c'est ce qu'elle a fait. Avec ma femme, nous lui sommes toujours très reconnaissants de l'aide qu'elle nous a apportée afin que nous puissions réaliser notre rêve.

Il existe probablement des centaines de milliers de banquiers dans le monde. Je me trompe peut-être – et c'est sans doute parce que tous ces tableaux de calculs me donnent la migraine –, mais je suis prêt à parier que ceux qui considèrent leur métier avant tout comme une vocation ne sont pas les plus nombreux. Mais ils existent, ce qui transforme donc la question : « Est-il possible de trouver sa vocation ? » en « *Comment* est-il possible de trouver sa vocation ? ».

Pour autant, l'état d'esprit tourné vers la vocation ne s'applique pas uniquement à notre travail. Imaginons que vous ayez de jeunes enfants. 18 heures sonnent, il est temps de démarrer la routine du soir. Examinons les trois scénarios suivants :

1. À 18 heures, vous grimacez et vous pensez : *Oh non, pas encore !* Bien entendu, vous n'avez pas d'autre choix que de prendre soin de vos enfants.

C'est votre devoir. Alors, à contrecœur, vous préparez le repas et vous vous asseyez à table pour le dîner. Les enfants se tiennent mal, mais d'une façon ou d'une autre vous survivez au repas. Maintenant, c'est l'heure de la douche. La salle de bain est inondée – une chose de plus que vous devrez nettoyer. Les enfants se lavent des dents. Une fois au lit, ils vous réclament une histoire et insistent pour que vous lisiez le même livre que le soir précédent, *Ti'train*. Le train gravit encore une fois la même colline. Ils adorent. Alors vous leur lisez l'histoire. Après tout, c'est votre responsabilité, non ? Ils dorment, enfin. La parentalité est un métier !

2. Il est 18 heures, c'est le moment de préparer le repas pour vos enfants. Ce soir, vous avez décidé de cuisiner des légumes, alors vous suppliez vos enfants pour qu'ils les mangent. Après tout, vous souhaitez qu'ils deviennent des adultes en bonne santé. Puis, vous leur faites prendre le bain et se brosser les dents, vous vous assurez qu'ils les frottent correctement ; il est important qu'ils adoptent une bonne hygiène dentaire. Vous avez également lu récemment une étude qui explique que les enfants à qui on lit des histoires réussissent mieux dans la vie. Alors vous prenez soin de leur lire un livre, même s'il s'agit du même que le soir d'avant. Vous tombez presque de sommeil, mais vous le faites, car c'est important pour leur futur. La parentalité est une carrière !

3. Il est 18 heures. Vous vous installez à table avec votre famille pour le dîner et, comme toujours, les enfants font les pitres. Mais vous posez un instant votre fourchette et vous les observez. *Quel privilège ! J'ai tellement de chance de pouvoir passer du temps avec les personnes qui comptent le plus pour moi. Que mes enfants ont grandi ! Regarde-les en train de discuter et de profiter du moment présent.* Au moment du bain, les enfants s'amusent à s'éclabousser, alors vous plaisantez avec eux, vous jouez et vous faites ensemble des grimaces rigolotes. Pendant que vous lisez, vous êtes frappé par le plaisir qu'ils prennent, comme s'ils entendaient cette histoire du train qui gravit la colline pour la première fois. En voyant la joie dans leurs yeux, vous êtes reconnaissant d'avoir la chance de pouvoir passer du temps avec ces précieux petits êtres. Ils s'endorment. La parentalité est une vocation !

Avec ma femme, nous avons trois enfants. La parentalité est bien évidemment pour nous tous les soirs une vocation, n'est-ce pas ? Certainement pas ! Ce n'est le cas pour aucun parent. Nous devons tous affronter des défis, les enfants nous poussent dans nos retranchements et parfois, nous pensons : *S'il vous plaît, je veux juste que cette journée se termine !* Vous n'êtes pas obligés d'être émerveillés par la parentalité 24 heures sur 24 et 7 jours sur 7, mais ne pourriez-vous pas laisser un peu de place à des sentiments plus spirituels ? Ne pourriez-vous pas prendre un peu plus de temps, chaque jour, pour faire une pause afin de remarquer et de reprendre contact avec ce qui a du sens ?

Quelles que soient vos responsabilités, à la maison ou au travail, vous avez un certain contrôle sur votre façon de percevoir celles-ci. Trouver un sens à vos activités peut faire toute la différence dans la manière d'affronter vos journées, vos semaines, votre vie. Selon Amy Wrzesniewski et Jane Dutton : « Même dans les métiers les plus modestes et les plus routiniers, les employés peuvent avoir une influence sur ce que représente pour eux l'essence de leur profession[2]. » À présent, remplacez « métiers routiniers » par « vie routinière ». Avec la pandémie, cette expression a plus que jamais décrit nos existences. Nous nous levons, allumons la cafetière, répondons à quelques e-mails et nous connectons à un rendez-vous sur Zoom. C'est tout juste si nous quittons la maison pour aller faire des courses. Pas de sorties improvisées en soirée. Pas de voyages. Les jours se confondent, notre vie est devenue ultra-routinière. Mais, malgré l'incertitude et l'anxiété qui accompagnent généralement l'isolement social, nous pouvons le plus souvent considérer notre vie comme une vocation. Nous pouvons avoir une certaine influence sur l'essence de celle-ci. Comment ? En identifiant ce qui a du sens dans nos activités quotidiennes.

Une fois de plus, il ne s'agit pas du sens *de* la vie dans sa conception la plus large – c'est un sujet qui devra être abordé une autre fois. Il s'agit simplement d'opérer un changement qui vous permettra de retrouver un sens *à* la vie. Quel est pour vous ce changement ?

Description d'une vocation

Essayez l'exercice suivant : choisissez une tâche que vous effectuez couramment et écrivez ce que vous faites pour l'accomplir – une sorte de « fiche de poste ». Pour moi, ce serait la préparation d'un cours. *Je m'assieds devant mon ordinateur, je lis quelques articles, puis je rédige les grandes lignes de ma présentation. Je relis plusieurs fois mes notes, puis je fais cours à mes élèves. Après la classe, j'analyse comment s'est passée ma présentation.* Essayez ensuite de reformuler la description de cette tâche, comme s'il s'agissait de « la description d'une vocation » – concentrez-vous sur l'importance de chaque étape. Pourquoi l'accomplissez-vous ? Si vous n'y parvenez pas, réfléchissez à la manière dont vous pourriez terminer les phrases suivantes :

« Elle est importante pour moi, parce que ___________. »
« Je suis passionné par __________. »
« J'aide les autres en __________. »

En réfléchissant à la façon dont je prépare mes cours et avec l'aide de ces questions, voici ce que je dirais : *Je commence mon travail en me plongeant dans les textes fascinants des plus grands penseurs du monde. J'intègre les éléments recueillis de manière cohérente dans les grandes lignes de ma présentation, ce qui m'aide à mieux comprendre ces informations, ainsi que moi-même. J'ai ensuite la chance de pouvoir partager ce qui compte tant pour moi avec d'autres personnes, afin de les aider à être plus heureux. Après ma classe, je me demande ce que j'ai appris à partir des questions qui ont été posées pendant le cours. Comment puis-je m'en servir ? Comment puis-je progresser en tant que professeur et apporter ma contribution à la vie des autres ?*

Cet exercice sera particulièrement utile pour vous recentrer, lorsque la morosité de votre travail vous empêchera d'avancer ou que vous rencontrerez obstacle après obstacle. Au XIXe siècle, Friedrich Nietzsche a écrit : « Celui qui a un pourquoi qui lui tient lieu de but, de finalité, peut vivre avec presque n'importe quel comment. » Lorsque la tâche que nous accomplissons a un but et une utilité, le chemin pour surmonter les difficultés devient moins intimidant. La plupart du temps, reprendre contact avec votre objectif est ce qui permet de faire la différence entre la fragilité et l'antifragilité – entre s'effondrer et devenir plus fort, entre le désespoir et l'optimisme.

Adam Grant, professeur de psychologie à l'école de commerce de Wharton aux États-Unis, a conduit une étude auprès de démarcheurs par téléphone, dont le travail consiste à collecter des fonds pour une université[3]. « Bonjour, je m'appelle John, je vous appelle de la part de [nom de l'université]. Souhaitez-vous faire un don ? » Selon vous, quelle est la réponse que ces opérateurs reçoivent le plus souvent ? Sans surprise, c'est *non*. S'ils ont un peu de chance, ils obtiennent un : « Non, merci, j'ai déjà donné. » Mais souvent, ils entendent un : « N'appelez plus jamais ce numéro », ou « Laissez-moi tranquille », dans un langage plus fleuri. Ils revivent des dizaines de fois par jour la même conversation démoralisante.

Adam Grant a alors divisé ces démarcheurs en deux groupes aléatoires. Pour le premier, rien n'a changé, ils ont continué à passer des appels toute la journée. Il a ensuite éloigné le second groupe de leur poste de travail pendant quinze minutes – seulement. Au cours de cette petite pause, des étudiants boursiers de cette même université sont venus discuter avec eux, il s'agissait donc d'élèves qui avaient bénéficié du travail de ces démarcheurs. De nombreux étudiants n'auraient jamais pu entrer à l'université s'ils n'avaient pas obtenu d'aide financière. Ils ont dit aux opérateurs : « Merci pour ce que vous faites. » Pendant quinze minutes, ils ont ainsi exprimé leur gratitude, expliquant le plaisir qu'ils prenaient dans leur formation universitaire, évoquant le privilège d'apprendre dans cette école en particulier, et à quel point ils étaient reconnaissants de tout l'argent qui avait pu être récolté pour leur éducation. Puis les opérateurs sont retournés à leurs téléphones.

Le résultat de cette brève rencontre ? Adam Grant a pu se rendre compte que les démarcheurs trouvaient que leur travail avait davantage de sens. Ils avaient plus d'énergie et étaient plus investis. Étonnamment, ils avaient aussi un meilleur taux de réussite, et collectaient entre 250 et 400 % de dons supplémentaires par rapport au groupe témoin. Cela uniquement parce qu'on leur avait rappelé à quel point leur travail était important. Ils avaient juste eu besoin de changer de point de vue.

À présent, consacrez quelques instants à prendre du recul et mesurez la véritable valeur de ce que *vous* accomplissez, que ce soit en aidant vos enfants à faire leurs devoirs, en nettoyant seul la vaisselle, en faisant le point sur les factures avec votre conjoint, en prenant soin d'un parent âgé, en négociant un accord avec un client, ou en accomplissant une tâche difficile au travail. Cela ne demande pas beaucoup d'efforts, seulement quelques minutes de prise de conscience qui peuvent faire toute la différence.

La pleine conscience

Nous pouvons également ressentir de la spiritualité grâce à la méditation en pleine conscience – c'est-à-dire nous entraîner à être conscients de l'instant présent et à nous libérer de toutes les autres distractions. Dans l'idéal, l'expérience de la pleine conscience doit se faire sans jugement. On peut choisir de prendre conscience de sa respiration ou d'une autre sensation physique, d'un objet, d'une activité, etc.

Les traditions culturelles et les écrits sur la méditation en pleine conscience sont vieux de plusieurs milliers d'années. Il y a *Le Livre tibétain des morts*, les *sutras* du penseur indien Patañjali, les enseignements du tao de Chine et les exercices spirituels de Philon d'Alexandrie, pour n'en citer que quelques-uns. Chacune de ces traditions et beaucoup d'autres ont mené de nombreux débats sur l'importance d'être entièrement présent dans l'ici et maintenant. Nous avons aujourd'hui des preuves que les adeptes de ces traditions ont compris depuis bien longtemps que la pleine conscience a de multiples conséquences positives sur le bien-être.

La plupart des moments sombres que nous traversons sont dus à notre incapacité à vivre le moment présent. Plus nous sommes présents, plus nous vivrons de moments lumineux. Le moine bouddhiste vietnamien Thich Nhat Hanh dit : « En vivant dans le passé, nous nous ouvrons à la dépression ; dans le futur à l'anxiété ; c'est uniquement dans le présent que nous sommes ouverts[4]. » Ceux qui pratiquent régulièrement la pleine conscience disent se sentir plus calmes et satisfaits. Par ailleurs, des preuves neuroscientifiques attestent que la méditation a des effets notables sur la structure du cerveau.

Jusqu'à la fin du XXe siècle, les psychologues et les neurologues pensaient que le cerveau était par nature figé, que sa composition et sa structure neuronale étaient prédéterminées par les gènes et les premières expériences de l'enfance. Mais récemment, avec l'aide de la technologie moderne, des recherches capitales sur la neuroplasticité (ou plasticité neuronale) et la neurogenèse ont clairement démontré que notre cerveau peut changer et change[5]. Il évolue d'ailleurs tout au long de notre vie, du jour de notre naissance à celui de notre mort. Or, l'un des moyens les plus efficaces pour sculpter notre cerveau, pour modifier nos circuits neuronaux afin de favoriser un bien-être général, est la pratique de la méditation en pleine conscience[6]. Grâce aux EEG et aux IRM, ainsi qu'à d'autres technologies de l'imagerie médicale, nous savons que le cerveau d'une personne qui se consacre à la méditation – qui la pratique régulièrement et sur de longues durées – a une apparence radicalement différente de celui d'une personne qui ne médite pas. Il s'agit d'un cerveau plus heureux.

De nombreuses recherches attestent l'importance de la méditation en pleine conscience. L'une d'entre elles, conjointement réalisée par Jon Kabat-Zinn – fondateur de la clinique de réduction du stress au centre médical de l'université du Massachusetts – et Richard Davidson – directeur du Center for Healthy Minds à l'université du Wisconsin-Madison – en a exposé les principaux avantages[7]. Ils ont convié plusieurs personnes à participer à un programme de huit semaines, appelé the Mindfulness-Based Stress

Reduction Programm*. Celui-ci comprenait un cours hebdomadaire de trois heures sur la méditation, suivi d'exercices qui consistaient à méditer sur soi pendant quarante-cinq minutes tous les jours. À la fin des huit semaines, les chercheurs ont comparé l'humeur de ceux qui avaient participé aux exercices avec celle de futurs étudiants qui souhaitaient apprendre à méditer, mais qui n'avaient pas encore suivi le cours. Ils ont découvert que les élèves qui avaient participé au programme avaient une humeur plus positive, qu'ils étaient moins anxieux, plus sociables et plus ouverts. Cet entraînement avait un réel effet sur leur bonheur.

Mais les résultats ne reposaient pas uniquement sur des auto-évaluations. Les chercheurs se sont également servi de mesures psychologiques, et ce qu'ils ont découvert est remarquable. Ils ont évalué avec précision l'activation neuronale dans le cortex préfrontal, la zone du cerveau responsable des fonctions émotionnelles, cognitives et comportementales complexes. Les personnes ayant une plus forte excitation neuronale sur le côté gauche sont généralement plus heureuses ; alors que celles dont l'excitation est plus intense à droite sont dans l'ensemble plus déprimées. Un rapport élevé entre les côtés droit et gauche va de pair avec une plus forte sensibilité aux sentiments agréables, une résilience face aux émotions douloureuses et une plus grande capacité à garder son calme. À la fin du programme de huit semaines, les chercheurs ont découvert que le cerveau des participants s'était transformé de manière

---

* Traduction : Programme de réduction du stress basé sur la pleine conscience. (*N.d.T.*)

significative : le côté gauche du cortex préfrontal était plus actif que le droit. Leurs cerveaux n'étaient pas aussi « positifs », si l'on peut dire, que celui de personnes qui pratiquent la méditation depuis des années ; mais en seulement deux mois d'importants changements avaient déjà fait leur apparition. Ces personnes étaient littéralement plus heureuses et l'image de leurs cerveaux révélait sans conteste les progrès qu'elles avaient accomplis.

Afin de compléter cette étude, les chercheurs ont injecté une bactérie du rhume aux participants, ainsi qu'au groupe témoin, puis ils ont mesuré leurs réponses immunitaires. Étonnamment, ceux qui avaient pris part au programme ont généré plus d'anticorps. En d'autres termes, leur système immunitaire était plus résistant et ils étaient devenus physiquement et psychologiquement plus résilients. En seulement huit semaines de pratique de la méditation en pleine conscience, leur santé s'est améliorée et ils étaient plus heureux.

Qu'est-ce que la méditation ?

En tibétain, méditation se dit *gom*, ce qui signifie littéralement « se familiariser avec ». Ainsi, la méditation équivaut à se familiariser avec quelque chose. Nous pouvons méditer sur notre respiration, l'observer et apprendre à la connaître ; chercher à mieux comprendre nos sensations physiques, en adoptant des positions de yoga ; méditer sur la nature d'une émotion, explorer ce que nous sommes en train de ressentir[8].

Nous sommes régulièrement épuisés par les devoirs et les obligations qui se disputent notre attention, par les inquiétudes liées à l'avenir qui nous attend, par la « liste des tâches en souffrance » qui nous nargue. Chez les bouddhistes, un esprit distrait est appelé un « esprit singe », car il se balance d'une liane à une autre, saute partout et ne s'arrête pas une seule seconde. Le but de la méditation est de reposer l'esprit singe, de l'aider à ne plus autant sauter dans tous les sens, parce qu'en le reposant nous avons plus de chances d'y voir clair – de nous familiariser avec ce que nous sommes en train d'observer.

Dans une fable africaine, un hippopotame perd un œil, alors qu'il est en train de traverser une rivière. Il se met à le chercher désespérément. Il regarde derrière lui, devant lui, sur les côtés, en dessous, mais en vain. Des oiseaux et d'autres animaux présents sur la berge suggèrent à l'hippopotame de prendre un peu de temps pour se reposer et reprendre ses esprits ; mais celui-ci refuse, trop effrayé à l'idée de ne jamais retrouver son œil. Alors il continue de le chercher, désespérément, sans y parvenir, jusqu'à ce que la fatigue soit telle qu'il soit contraint à faire une pause. Dès l'instant où il s'arrête et s'apaise, la rivière se calme. La vase qu'il avait soulevée retombe et l'eau retrouve sa tranquillité et sa transparence. C'est alors qu'il aperçoit son œil, reposant dans le lit de la rivière. Ainsi, pour voir clairement quelque chose et pour que celle-ci devienne familière – qu'il s'agisse de notre esprit, d'un mot ou d'une émotion –, nous devons nous arrêter, nous reposer, pour permettre aux eaux troubles de s'éclaircir et que cette chose puisse émerger.

La pratique de la méditation suit quatre règles principales. Tous les professionnels ou toutes les personnes qui l'enseignent ne seront sans doute pas d'accord avec ce qui suit, mais selon moi, ces principes sont les plus courants et les plus importants[9]. Les voici :

1. Laisser son esprit s'arrêter sur un seul sujet : Accordez votre attention à une seule et unique chose, que ce soit votre respiration, votre position, un sentiment, un son, un objet ou quoi que ce soit d'autre d'intérieur ou d'extérieur.

2. Se recentrer : La clé de la méditation en pleine conscience n'est pas de maintenir sa concentration, mais de recentrer ses pensées. Ainsi, ce qui compte, ce n'est pas d'avoir une attention continue et sans interruption, mais plutôt de rattraper votre esprit chaque fois qu'il s'égare afin de rétablir votre concentration.

3. Respirer lentement, doucement et profondément : La respiration la meilleure et la plus saine pour notre santé est celle que l'on appelle la respiration ventrale. Il s'agit d'inspirer en remplissant nos poumons jusqu'à ce que notre ventre se soulève puis retombe.

4. Accepter qu'il n'y ait ni bonne ni mauvaise méditation : Le but est de suspendre tout jugement, d'accepter l'expérience telle qu'elle est ; juger notre pratique, ou nous-mêmes, comme bonne ou mauvaise va à l'encontre de l'esprit de la méditation en pleine conscience. Par exemple, que nous parvenions à maintenir notre attention pendant 98 % du temps ou que notre esprit s'égare en permanence, cela n'a aucune importance. Qu'après avoir médité nous nous sentions mieux, moins bien, ou que cela n'ait fait aucune différence, cela non plus n'a pas d'importance.

Pour bénéficier des bienfaits de la méditation, la clé réside dans la répétition. Daniel Siegel, psychiatre à l'université de Californie à Los Angeles, a écrit : « La méditation en pleine conscience, c'est comme l'hygiène dentaire quotidienne et le brossage des dents, elle est une forme d'hygiène cérébrale – elle nettoie et consolide les connexions synaptiques du cerveau[10]. » Tout comme vous entamez et finissez votre journée en vous brossant les dents, vous pouvez commencer et terminer celle-ci par la méditation.

Trois à cinq minutes de méditation quotidienne, pratiquée de manière constante, suffiront pour obtenir des effets positifs sur votre bien-être général. Si vous pouvez prendre jusqu'à vingt ou trente minutes, c'est encore mieux. Les sessions de méditation courtes sont l'équivalent d'une douche rapide ; les sessions plus longues peuvent être comparées à la douceur d'un bon bain. Les deux permettent de vous nettoyer.

Une méthode de méditation simple

Si vous désirez essayer une méditation courte, je vous suggère de commencer ainsi.

Installez-vous seul dans un lieu calme. Trouvez une position confortable. Vous pouvez vous asseoir ou être allongé sur le dos, l'essentiel est que vous soyez à l'aise. Vous pouvez garder les yeux ouverts ou les fermer ; cela n'a pas d'importance.

Une fois installé, étirez votre colonne vertébrale du coccyx à la nuque. Maintenez votre dos bien droit, sans être tendu. Inspirez et expirez par le nez, si possible. Sinon, respirez par la bouche, cela convient aussi.
À présent, concentrez-vous sur l'air qui entre par votre nez ou votre bouche, qui remplit vos poumons et votre ventre, puis qui se libère de votre ventre et ressort par votre nez ou votre bouche. Continuez d'inspirer lentement et profondément, puis d'expirer lentement et doucement. Votre ventre se gonfle à chaque inspiration et rentre à chaque expiration.
Tout comme il est naturel de respirer, il est naturel que votre esprit s'égare. Lorsque cela se produit, ramenez-le avec douceur vers votre respiration, concentrez-vous sur l'air qui entre et qui sort. Vous n'avez rien d'autre à faire et nulle part où aller. Vous êtes simplement là, avec votre respiration, avec le présent. Si votre esprit vagabonde, ramenez-le avec douceur et acceptation vers votre ventre qui monte et qui descend. Continuez aussi longtemps que vous le désirez. Lorsque vous êtes prêt à mettre fin à la session, ouvrez lentement les yeux.
Il s'agit d'un exercice simple de méditation. Vous trouverez des centaines de méthodes en ligne et je vous encourage vivement à en essayer d'autres. Vous pouvez être certain que vous trouverez celle qui vous convient et qui en retour vous permettra de vous connecter avec le moment présent.

Trouver le sacré dans le banal

Revenons un instant à l'étude de Jon Kabat-Zinn et de Richard Davidson. Au terme du programme de huit semaines, ils ont demandé aux participants quelle avait véritablement été la durée de leur séance de méditation entre les cours. Souvenez-vous qu'il leur était demandé de méditer quotidiennement pendant quarante-cinq minutes. Comme ils s'y attendaient, tout le monde n'avait pas respecté l'exercice. Si certains étudiants avaient bel et bien médité pendant quarante-cinq minutes chaque jour, d'autres s'étaient contentés de vingt minutes, voire seulement de deux séances par semaine. Mais ce qu'il y a de fascinant, c'est que cela n'a fait aucune différence ! Ceux qui n'avaient médité que deux fois par semaine bénéficiaient des mêmes effets – psychologiques et physiologiques – que ceux qui avaient pratiqué quotidiennement, tout au long des huit semaines.

Comment est-il possible que des participants aient pu bénéficier des mêmes effets, alors qu'ils n'avaient pas fait leurs exercices ? La réponse réside probablement dans le fait que chaque semaine on leur rappelait d'être présents, et donc ils l'étaient, qu'ils prennent ou non le temps de méditer. Vous voyez, la pleine conscience est possible, n'importe où et n'importe quand – immédiatement, alors que nous lisons ces mots ou que nous sommes en train de respirer, lorsque nous participons à une réunion ou bien en faisant notre lessive. Selon le Dr Elisha Goldstein, auteur de *The Now Effect* : « La pleine conscience c'est tout simplement être attentif, elle peut se pratiquer de manière formelle ou informelle [...] Lorsque vous la pratiquez de manière informelle, cela signifie que vous essayez d'être plus attentif à tout ce que vous faites, ce qui vous permet d'être imprégné par quasiment n'importe quelle activité. Une pratique formelle correspond à la méditation en pleine conscience[11]. »

Il semble donc qu'il soit possible de profiter des bénéfices de la pleine conscience, que celle-ci soit formelle

– assis, quelle que soit la durée, mais concentré sur notre respiration – ou bien informelle – en effectuant n'importe quelle activité, tout en étant présent et en nous souvenant de l'être chaque fois que notre esprit s'égare. Or, chaque semaine il était rappelé aux participants du programme à quel point il est essentiel d'être présent. Par conséquent, ils appliquaient plus fréquemment la pleine conscience, qu'elle soit formelle pendant quarante-cinq minutes chaque jour, ou informelle quand ils effectuaient leurs tâches quotidiennes, sans que cela fasse de différence.

En étant pleinement conscients, nous pouvons transformer le banal en sacré, l'ordinaire en extraordinaire et ainsi augmenter notre bien-être spirituel. Nous pouvons le faire en risquant notre vie pour notre liberté ou bien en discutant avec un ami lors d'un dîner, en priant au temple ou en créant un tableau Excel au travail. Selon Thich Nhat Hanh : « À chaque instant vous pouvez faire un choix qui vous rapprochera de votre esprit ou vous en éloignera[12]. »

Devenir conscient (de manière informelle)

À mes yeux, la chose la plus importante que l'on apprend dans les ouvrages sur la pleine conscience, c'est que le chemin vers une vie spirituelle ne se trouve pas dans une quelconque destination lointaine, mais dans l'ici et maintenant. Plutôt que de chercher un « tout est bien qui finit bien » lointain et illusoire, nous pouvons trouver des instants de plénitude disséminés tout au long de notre voyage tumultueux. Ces moments sont d'une grande valeur. Tout d'abord, parce qu'ils sont en eux-mêmes joyeux, et ensuite, parce qu'ils nous fournissent le carburant dont nous avons besoin pour affronter les mésaventures de la vie.

Vous pouvez apprécier les instants présents de manière formelle, en fermant les yeux et en vous concentrant sur votre respiration ; ou en adoptant une position de yoga (une *asana*) et en vous concentrant sur vos sensations physiques. Vous pouvez également expérimenter la conscience de l'instant présent – et ses bénéfices – de manière informelle, en pratiquant quasiment n'importe quelle activité dans votre journée. Que ce soit en mangeant, en faisant le ménage, en pliant le linge, en vous promenant, en écrivant un e-mail ou en jouant à la balle avec votre chien. Vous pouvez vous entraînez à être pleinement présent tout en continuant vos activités. Selon l'auteur américain Henry Miller : « Dès l'instant que l'on prête une attention à toute chose, souvent un simple brin d'herbe, tout devient un monde en soi, mystérieux, imposant, indiciblement magnifié[13]. » Miller décrit comment, en étant pleinement conscients, nous pouvons nous imprégner du monde qui nous entoure et de notre vie, avec esprit. Voici quelques suggestions pour introduire davantage de pleine conscience et donc de bien-être spirituel, dans notre quotidien.

Écouter

Lorsque nous discutons, notre instinct nous incite souvent à anticiper mentalement ce dont *nous* avons envie de parler, parce que nous pensons savoir ce que la personne va dire ou ce qu'elle a besoin d'entendre. À d'autres moments, il est plus facile de simplement décrocher. Nous laissons notre esprit vagabonder vers d'autres sujets, tels que la prochaine tâche sur notre liste de choses à faire. Lorsque nous discutons avec un ami au téléphone, nous parcourons parfois en même temps distraitement un article ou les réseaux sociaux. En revanche, combien de fois nous arrêtons-nous pour véritablement écouter ? Acceptons-nous d'entendre, d'être ouvert et attentif à l'univers de l'autre ?

De nombreuses recherches démontrent les effets positifs de l'écoute, que l'on soit le bénéficiaire ou l'auditeur[14]. En étant attentif, celui qui écoute ressent les bienfaits d'une pleine conscience informelle. Les enfants qui ont été écoutés grandissent en étant plus positifs et deviennent des adultes plus sûrs d'eux. Les employés qui ont l'attention de leurs supérieurs quittent moins souvent leur entreprise et sont généralement plus impliqués dans leur travail. Et bien sûr, les époux qui s'écoutent mutuellement ont une relation plus saine et plus de chances de rester ensemble. D'ailleurs, le fondement de toute relation profonde – avec votre enfant, votre conjoint, votre meilleur ami, un parent ou un collègue – est l'écoute[15].

Par ailleurs, pour être heureux il est également essentiel de *vous* écouter. Faites-le en tenant un journal intime, afin de voyager en vous-même, d'explorer en pleine conscience vos pensées et de vous impliquer de tout votre cœur dans ce que vous désirez. Simplement écrire et ressentir, sans juger ou critiquer, peut être libérateur et aussi vous aider à vous connecter à vous-même et au reste du monde[16].

Se déconnecter pour se connecter

La cadence folle de nos vies modernes, associée au besoin croissant d'accomplir plusieurs tâches à la fois, fait de la distraction – plutôt que de la concentration – la norme. Une façon très simple d'inverser ce courant est de vous éloigner de votre téléphone et de votre ordinateur. Les stimulations permanentes et aléatoires, sous la forme de réception d'e-mails, de sonneries de téléphones, d'écrans qui clignotent ou de bruits de fond, nous conduisent peu à peu à perdre notre capacité et notre propension à être présents et concentrés. Mettre son téléphone sur silencieux, choisir un jour ou un lieu dans notre maison qui soit « sans technologie » et limiter le nombre de choses que nous faisons à la fois sont autant de moyens pour favoriser la pratique de la pleine conscience de manière informelle.

Savourer

Manger est une autre activité ordinaire lors de laquelle nous pouvons choisir de profiter des bienfaits de la pleine conscience. Il y a quelques années, j'ai participé à un atelier où l'un des exercices consistait à manger un grain de raisin. Vous pouvez facilement reproduire cet exercice chez vous. Il ne s'agit pas simplement de mettre le fruit dans votre bouche et de l'avaler en une seconde, mais de véritablement *manger un grain de raisin*. Tout d'abord, prenez un seul grain et regardez-le. Observez sa texture, ses couleurs. En général, un grain de raisin n'est pas uniquement noir, il se compose de plusieurs couleurs – violet, orange, marron –, selon la façon dont la lumière l'éclaire. Puis, sentez-le. Familiarisez-vous avec ses différentes odeurs sucrées. À présent, vous pouvez mettre le grain dans votre bouche, mais ne le mangez pas. Faites-le rouler sur votre langue, sentez son contact. Ensuite, croquez dedans, une seule fois. Que remarquez-vous ?

Pour sentir les différentes saveurs qui émergent d'un seul grain de raisin, nous devons être présents. C'est une action qui peut durer quinze minutes, voire davantage ! Évidemment, je ne vous conseille pas de refaire la totalité de cet exercice chaque fois que vous croquez dans un aliment. En revanche, je vous recommande d'essayer de le faire plusieurs fois cette semaine, et au-delà, de prendre le temps de savourer la nourriture en général. Vous pourriez peut-être en faire un rituel, prendre dix minutes chaque jour ou simplement une fois par semaine, pour apprécier un aliment ou un repas avec tous vos sens. Concentrez-vous sur les textures, les parfums et les saveurs qui rendent cet aliment spécial et unique.

La présence est un don

En 1999, l'un des plus éminents spécialistes de la psychologie positive, Mihály Csíkszentmihályi, a posé une question simple : « Puisque nous sommes si riches, pourquoi ne sommes-nous pas heureux[17] ? » Il faisait ainsi référence à l'étude qui a démontré que, même si notre génération est plus riche que la précédente, nous ne sommes pas plus heureux. Bien au contraire, le niveau de prospérité matérielle augmente de pair avec celui de la dépression et de l'anxiété. Plusieurs raisons expliquent cette situation malheureuse, et elles concernent toutes les facettes de la SPIRE – allant du trop grand nombre d'heures que les gens passent assis plutôt qu'en mouvement à l'augmentation des relations virtuelles et en passant par la diminution des liens profonds. Parmi toutes ces explications, l'une des principales causes du déclin de la santé mentale des enfants et des adultes est liée à la hausse de notre niveau de distraction dans l'instant présent. La solution pour pallier cette inattention est de s'astreindre à s'impliquer dans ce qu'il se passe présentement, au fond de nous ou sous nos yeux.

La psychothérapeute Tara Bennett-Goleman répond de manière éloquente à la question de Csíkszentmihályi, dans son magnifique ouvrage *L'Alchimie des émotions*. Elle y explique que la croissance de notre richesse matérielle ne se traduit pas par une augmentation de notre niveau de bien-être, et ce que nous pouvons faire pour y remédier :

> Le banquet le plus somptueux, le voyage le plus exotique, l'amant le plus intéressant et séduisant, la plus jolie maison – toutes ces expériences peuvent d'une certaine façon paraître sans intérêt et vides, si nous ne les vivons pas complètement – si notre esprit est ailleurs, préoccupé par des pensées perturbatrices. De la même manière, les plaisirs les plus simples de la vie – manger un morceau de pain tout juste sorti du four, observer une œuvre d'art, passer du temps avec les personnes que nous aimons – peuvent être profondément riches, si nous y accordons toute notre

attention. Le remède à cette insatisfaction se trouve en nous, dans notre esprit, en ne cherchant pas aveuglément des sources de satisfaction extérieures, nouvelles et différentes[18].

Tara Bennett-Goleman met ainsi en avant les innombrables occasions de pleine conscience informelle qui s'offrent à nous, et comment nous pouvons trouver le bien-être spirituel dans tout ce que faisons, en étant conscients de ce que nous ressentons. Pourtant, le plus souvent, la plupart des gens se désengagent et passent à côté de la possibilité d'un bien-être spirituel. Fort heureusement, nos occasions de trouver plus de sens sont omniprésentes et fréquentes. Albert Einstein aurait dit un jour : « Il n'y a que deux façons de vivre sa vie : l'une en faisant comme si rien n'était un miracle, l'autre en faisant comme si tout était un miracle. » En vous impliquant consciemment dans votre vie – que ce soit sur un tapis de yoga, en vous promenant seul dehors ou en bavardant avec un ami – tout devient un miracle, une expérience spirituelle.

À un moment ou à un autre, nous avons tous vécu dans notre vie quotidienne quelque chose qui ressemble à un miracle. Souvenez-vous de ce temps où vous étiez capable de voir par-delà l'ordinaire ce qu'il y avait d'extraordinaire, et de ressentir l'émerveillement que, contre toute attente, offre la vie. Cela a pu vous frapper alors que vous lisiez le passage poignant d'un livre qui vous a captivé ou en écoutant un splendide morceau de musique qui vous a bouleversé. Peut-être que vous avez rencontré l'extraordinaire lorsque vous avez senti le vent caresser votre peau lors d'une promenade dans le parc, ou bien en éprouvant la satisfaction d'avoir terminé un projet difficile au travail. Vous l'avez peut-être ressenti alors que vous regardiez un bébé en train de faire ses premiers pas ou une lune des moissons s'élever dans le ciel. L'élément commun à toutes ces expériences est celui d'être pleinement conscient et non inattentif. Vous avez été absorbé par cette activité, entièrement impliqué, vivant dans le présent.

Ce n'est probablement pas une coïncidence si le mot pour désigner cet instant est *le présent* : ce moment, comme tous les autres, a le potentiel d'être un don.

BILAN PERSONNEL DE LA SPIRE

Bien-être spirituel

Réalisez les trois étapes du bilan personnel de la SPIRE, *attribuer*, *décrire* et *prescrire*, en vous concentrant sur votre bien-être spirituel, et en réfléchissant aux questions suivantes :

Avez-vous le sentiment que votre travail a un sens et un but ?
Votre vie personnelle vous semble-t-elle avoir un sens et un but ?
Êtes-vous présent ?
Êtes-vous pleinement conscient de l'instant présent ?

En vous basant sur vos réponses, déterminez votre niveau de bien-être spirituel, puis *attribuez* une note entre 1 et 10, 1 étant faible ou très peu fréquent et 10 élevé ou très fréquent. Après avoir donné cette note, *décrivez*, par écrit, pourquoi vous vous êtes octroyé ce score. Ensuite, *prescrivez* une solution pour faire évoluer cette note d'un seul point, pour commencer. Il peut par exemple s'agir de rédiger la « description d'une vocation », d'interrompre deux fois par jour ce que vous êtes en train de faire pour reprendre contact avec votre objectif, démarrer la pratique de la pleine conscience cinq minutes par jour ou vous engager à faire une seule chose à la fois pendant une heure ou deux chaque jour. Faites cette introspection une fois par semaine.

....

2

Bien-être physique

Parfois votre joie est la source de votre sourire, mais parfois votre sourire peut devenir la source de votre joie.

Thich Nhat Hanh

L'étude du bonheur est toujours pertinente, quelles que soient les épreuves que vous êtes en train de traverser. Elle est bien entendu utile dans les périodes agréables, mais n'est pas moins importante pour nous aider dans les moments difficiles. Elle favorise notre résilience et nous aide à devenir antifragiles ; en d'autres termes, elle nous rend plus forts lorsque nous faisons face à un défi.

Au moment où j'écris ces mots, nous sommes en 2020, au cœur d'une succession de confinements qui sont la conséquence de la pandémie. Nombre d'entre nous ont vécu une année incroyablement difficile et ont réagi de manière bien différente. Je connais par exemple des gens qui ont commencé à se sentir mieux – au départ, pour eux, la distanciation sociale et le confinement ont été une bonne solution pour ralentir la cadence, passer plus de temps avec les personnes qui leur sont chères et apprécier davantage ce qu'ils ont au lieu de tout tenir pour acquis. Ils allaient fantastiquement bien. Mais, à un moment donné, ils ont presque tous ressenti le déclin de leur humeur et de leur bien-être en général. Ils ont pris conscience qu'il ne s'agissait pas d'une pause, mais d'une nouvelle sorte de normalité et cela leur a coupé le souffle. Alors que d'autres, qui avaient commencé par être très anxieux et perplexes, se sont doucement accoutumés à leur nouvelle réalité et se sont finalement sentis mieux. Puis il y a les autres, probablement la majorité, qui sont régulièrement passés par des hauts et des bas. Ils connaissaient des jours joyeux et d'autres plus sombres ; des instants de calme et des périodes d'agitation. Mais le dénominateur commun à quasiment toutes ces personnes était un sentiment sans précédent d'abattement et de stress.

Pourtant, l'optimisme a encore toute sa place : en prenant des mesures simples pour améliorer votre santé physique, vous pouvez faire un grand pas vers la résilience et vers le bonheur. Ce chapitre se concentrera sur le lien entre le corps et l'esprit, la façon dont la psychologie et la physiologie appartiennent à un seul et même système interconnecté, sur la façon dont la résistance physique favorise la ténacité mentale et de quelle manière le stress – lorsqu'il est bien compris et géré – peut contribuer à notre bien-être et non à l'ébranler.

Le corps et l'esprit ne font qu'un

La première étape pour atteindre notre potentiel de bien-être physique est de prendre conscience du lien indéfectible qui existe entre le corps et l'esprit. Une croyance très répandue se met toutefois souvent en travers de ce chemin, connue sous le nom de dualisme, et qui veut que le corps et l'esprit soient deux entités distinctes[1].

Pourquoi le point de vue dualiste est-il problématique ? Peter Senge, scientifique systémique au MIT*, a écrit : « Un éléphant coupé en deux ne fait pas deux petits éléphants. » Il précise : « Les systèmes vivants ont une intégrité. Leur caractère dépend d'un tout[2]. » De la même manière, couper un homme en deux – dissocier son corps et son esprit – ne produit pas deux petits êtres humains ou deux entités viables pouvant se développer et grandir. Cette séparation est artificielle. Si nous désirons effectuer un changement, nous devons observer la personne dans son entièreté. Souvenez-vous, le bonheur est le bien-être d'une personne entière.

L'union du corps et de l'esprit se manifeste de multiples façons. Vos pensées et vos émotions influencent par exemple votre corps – de sa position à sa performance – et en retour, vos mouvements affectent l'orientation de votre esprit et de votre cœur. Les recherches sur l'« hypothèse de la rétro-action

---

* Massachusetts Institute of Technology : institut de recherche américain et université, le MIT est spécialisé dans les sciences et la technologie. (*N.d.T.*)

faciale » soulignent ce lien : un sourire ou des sourcils froncés, un visage doux ou furieux engendrent des émotions associées à ces expressions[3]. Ainsi, lorsque les sujets imitaient le visage d'une personne en colère, leur rythme cardiaque ainsi que la température de leur peau augmentaient et des pensées irritantes leur traversaient l'esprit.

Notre visage n'est pas le seul à pouvoir changer notre humeur, nous pouvons utiliser notre corps tout entier. La psychologue Sara Snodgrass, de l'université Florida Atlantic, a demandé à un groupe de personnes participant à son étude de marcher d'une certaine façon pendant trois minutes : avec de grandes enjambées, un balancement prononcé des bras et la tête haute. Cette attitude est l'expression extérieure d'un état d'esprit confiant et optimiste. Puis elle a demandé à un second groupe de marcher en faisant de petits pas traînants, la tête baissée, un comportement associé à un état d'esprit plus sombre et abattu. Le résultat ? Après trois minutes de marche « heureuse », le premier groupe était plus optimiste. Cette expérience et de nombreuses autres expliquent pourquoi nous nous sentons généralement bien, ou mieux, après avoir dansé ou être allés courir. Au-delà des effets psychologiques du sport, que nous aborderons plus tard dans ce chapitre, la posture que nous adoptons lorsque nous dansons ou que nous courons est bénéfique à notre état émotionnel[4].

Voici une autre expérience qui montre de façon spectaculaire le lien entre le corps et l'esprit[5]. Des scientifiques de la clinique de Cleveland ont divisé des participants en quatre groupes et leur ont demandé de faire des exercices de quinze minutes par jour, cinq jours par semaine, pendant douze semaines. Ils ont enseigné au premier groupe la « contraction volontaire » de leur petit doigt – ils devaient imaginer qu'ils entraînaient leur doigt sans le bouger. Le deuxième groupe devait se servir de leur imagination pour entraîner leur biceps, en visualisant leur coude en train de se plier. Le troisième groupe devait véritablement bouger leur doigt, avec une résistance physique lors de la contraction. Le quatrième groupe était le groupe témoin et ne devait donc rien faire. Les résultats ? Sans surprise, le groupe témoin n'est pas devenu plus fort. En revanche, comme on pouvait s'y attendre, le troisième groupe, celui qui a physiquement réalisé l'exercice, a vu la force de leur doigt augmenter de 53 %. Mais le résultat le plus étonnant vient du premier groupe – qui, lui, n'a réalisé qu'un exercice mental – et dont la force des membres a crû de 35 %, sans avoir à lever le petit doigt ! Ceux qui devaient s'imaginer contracter leurs biceps ont également vu leur force augmenter de 13,5 %. Le corps et l'esprit sont donc liés, ils font partie d'un même tout et, pour satisfaire le potentiel de notre bonheur et notre plénitude, nous devons faire un meilleur usage de ce que notre corps et notre esprit ont chacun à nous offrir.

Le Penseur de Rodin

Nous avons beaucoup à apprendre de la splendide sculpture en bronze d'Auguste Rodin, sur le lien entre le corps et l'esprit. Il s'agissait d'une commande, qu'il a travaillée pendant de nombreuses années, entre la fin du XIXe siècle et le début du XXe. Initialement, le sujet devait être le poète et philosophe Dante et sa *Divine Comédie*. Rodin envisageait de représenter l'homme vêtu d'une longue robe, mais il a finalement décidé qu'il ne voulait pas sculpter un penseur ayant l'apparence typique d'un académicien. Alors, il a façonné un penseur à la puissante présence physique. La sculpture représente un homme nu, musclé, recroquevillé sur lui-même, le menton posé dans une main. Dans cette position, on a presque l'impression qu'il est prêt à bondir tel un ressort. Il semble sur le point d'agir. Pourquoi Rodin a-t-il sculpté un penseur dans une telle pose ? Voici sa réponse : « Ce qui fait que mon *Penseur* pense, c'est qu'il ne pense pas seulement avec son cerveau, avec son sourcil froncé, ses narines écartées et ses lèvres pincées, mais aussi avec chaque muscle de ses bras, de son dos et de ses jambes, ses poings serrés et ses orteils crispés[6]. » Dans *Le Penseur*, le corps et l'esprit ne font qu'un.

Le mythe du stress

Le stress est la réponse de votre corps à une menace, réelle ou supposée. Notre cerveau réagit selon trois modes, connus sous le nom de « fuite, lutte et inhibition », qui se traduisent par la sécrétion d'hormones, font augmenter notre rythme cardiaque et aiguisent nos sens. Cet état nous met ainsi en condition pour fuir, défier un agresseur ou se protéger. Le stress est une question de santé publique, il avait déjà atteint des proportions pandémiques bien avant que nous entendions parler du coronavirus – dans les écoles, les campus universitaires et au travail, que ce soit aux États-Unis ou dans le reste du monde[7]. Avant la crise du Covid-19, le gouvernement chinois a publié une déclaration, indiquant que le pays devait mieux prendre en charge l'augmentation du niveau de stress de sa population. Peu de temps après, l'Australie faisait le même type de communication.

Avant même la pandémie, il semble que nous rencontrions déjà des problèmes liés au stress, mais à présent, la situation a empiré. Ces derniers temps, avec la montée de la pression et les scénarios les plus pessimistes qui agitent nos esprits, il en faut peu pour être en état d'alerte maximale. Notre cerveau est constamment vigilant, en permanence à l'affût du danger parce que nous avons de plus en plus de raisons d'être stressés : nous ne nous sentons probablement plus autant en sécurité et en confiance qu'auparavant ; peut-être sommes-nous anxieux pour l'avenir de notre communauté, les voyages, l'économie, nos revenus, l'éducation de nos enfants, ou pour notre santé et celle de nos proches.

Que faisons-nous de tout ce stress ? Au cours de ces dix dernières années, des psychologues et des physiologistes l'ont étudié – que ce soit au travail, sur les campus universitaires, ou ailleurs – et les conclusions de leurs recherches sont assez surprenantes et défient toute logique. La plupart des gens pensent que le stress les empêche d'être en bonne santé et heureux. Mais si je vous disais que depuis tout ce temps vous vous êtes trompé de coupable ? Si je vous disais que le stress lui-même n'est pas le problème ? Qu'en réalité, il est potentiellement bon pour nous[8] ?

Prenons l'analogie suivante : vous allez à la salle de sport et vous soulevez des poids. Quelles sont les conséquences sur vos muscles lorsque vous faites de l'exercice ? Vous les stressez, les fibres du muscle se déchirent. Nous ne voyons pas cela comme une mauvaise chose, car nous savons que stresser nos muscles permet de les rendre plus forts qu'ils ne l'étaient auparavant. Disons que quelques jours plus tard, vous soulevez à nouveau ces haltères et qu'encore une semaine plus tard vous en soulevez d'autres, légèrement plus lourdes. Vous suivez scrupuleusement ce régime deux fois par semaine, vous travaillez dur pendant un an et avec le temps vous devenez plus fort et êtes en meilleure santé – grâce au stress ! Le stress n'est donc pas le problème ; au contraire, il permet de déclencher le système antifragile de votre corps.

Les problèmes apparaissent lorsque vous décidez de manière excessive qu'il est temps de retrouver la forme. Vous soulevez des poids et une minute après, encore des poids, puis encore et encore. Le lendemain, vous décidez de recommencer, pareil les jours suivants. En très peu de temps, vous avez pris beaucoup trop de muscles et c'est à ce moment-là que vous vous blessez. Vous vous affaiblissez au lieu de vous rendre plus fort, vous vous épuisez au lieu de retrouver de l'énergie. Vos muscles sont déchirés, et ils n'ont pas eu le temps de se reconstituer. Le problème n'est donc pas le stress, mais vient plutôt du *manque de récupération*.

Que ce soit à la salle de sport, de manière physiologique, ou dans le monde, de manière psychologique, le problème ce n'est pas l'existence du stress, mais l'absence de récupération[9]. Cette distinction peut potentiellement changer votre vie. En effet, le stress a toujours fait partie de nos existences. Les hommes l'ont enduré il y a cinquante ans, tout comme il y a cinq mille ans. Dans un passé lointain, on était stressé à l'idée de se retrouver face à un grand méchant loup ou à l'approche de l'hiver. De nos jours, le stress qui nous bombarde arrive de toutes les directions : la pandémie fait toujours rage, la voiture ne démarre pas, les enfants se querellent, nous devons rendre notre rapport trimestriel, l'objet de l'e-mail de notre client indique « urgent », et on vient tout juste de renverser notre café sur l'ordinateur portable. Pourtant, nous sommes capables d'affronter tout ce stress – nous sommes d'ailleurs extrêmement doués pour le gérer. Pensez simplement à tous les petits incendies que nous éteignons avec adresse chaque jour. La différence entre la vie d'aujourd'hui et celle d'il y a mille ans, c'est que les hommes avaient plus de temps pour récupérer. De nos jours, nous sommes en permanence en mode « marche », avec des emplois du temps familiaux et professionnels qui débordent, et nous avons moins de temps pour nous reposer. Nous ignorons d'ailleurs que cette récupération est essentielle, et pas uniquement à notre bonheur. L'association entre le stress et le manque de repos est extrêmement nocive, physiologiquement et psychologiquement[10].

L'une des solutions pour gérer le stress lié à la pandémie pourrait être de sortir de cette course folle, de partir pour l'Himalaya et de méditer huit heures par jour. Que faire si ce choix ne nous semble ni viable ni séduisant ? Existe-t-il une autre possibilité ? Oui. Nous pouvons apprendre des gens ambitieux, qui travaillent avec acharnement et réussissent, mais qui sont aussi en bonne santé et heureux. Comme tout le monde, ces personnes sont stressées. Il y a toutefois une chose qu'elles font différemment : elles ponctuent leur vie très dense de moments de repos – parfois brefs, parfois plus longs –, et ce temps leur permet de retrouver de l'énergie[11]. Cette récupération peut s'effectuer sur plusieurs niveaux : micro, moyen, macro.

La micro-récupération

Comme son nom l'indique, la micro-récupération consiste à prendre des instants de repos très courts. Vous pouvez faire une pause de quinze minutes toutes les deux heures pour prendre un café, méditer ou marcher dans le quartier. Ou alors prévoir un temps de lecture, vous réserver une heure pour faire du sport, ou écouter votre musique favorite entre deux rendez-vous clients. Pour que la récupération enclenche votre système antifragile, elle doit être une véritable trêve. Prendre une pause pour le déjeuner tout en passant des appels et en répondant à des e-mails professionnels sur votre téléphone, ce n'est pas récupérer. C'est simplement plus de stress.

Il y a quelques années, l'un de mes collègues, spécialiste du stress, a organisé un atelier dans une société de négoce de New York. Il avait été convié à intervenir dans leurs bureaux, parce que l'entreprise traversait une période difficile et devait faire face à une recrudescence du surmenage. Dans tous les services, les gens choisissaient de quitter la société, d'autres tombaient malades ou étaient moins efficaces. Mon collègue a rapidement pris la parole pour leur expliquer que le stress n'était pas le problème, que le problème était le manque de repos. À la fin de sa présentation, les participants étaient convaincus et impatients de trouver des solutions.

« Alors docteur, que devons-nous faire ? »

Il leur a répondu :

« J'aimerais que vous preniez une pause de quinze minutes toutes les deux heures. »

Les employés se sont mis à rire.

« Vous plaisantez, n'est-ce pas ?

— Non, pourquoi ?

— Nous devons avoir les yeux rivés sur l'écran en permanence. Savez-vous ce qu'il se passe sur le marché mondial en quinze minutes ? Même nos déjeuners, nous les prenons devant ces écrans. Nous ne pouvons pas faire de pause.

— Cinq minutes, alors ? leur a proposé mon collègue.

— Non !

— Et trente secondes ? »

Cette fois, ils ont accepté.

« Très bien, a-t-il dit, toutes les deux heures, vous ferez une pause de trente secondes, pendant ces trente secondes je veux que vous fermiez les yeux et que vous fassiez trois respirations profondes. Inspirez pendant cinq ou six secondes, puis expirez pendant cinq ou six secondes. Trois fois. Si vous en avez besoin, accordez-vous une quatrième respiration. Mais, ajouta-t-il, je vous demande de le faire de manière *systématique*. Toutes les deux heures, *tous les jours*. Pas seulement aujourd'hui ou demain parce que vous vous souvenez que je suis venu, vous devez en faire un rituel.

— Marché conclu ! » ont-ils accepté.

Et ils s'y sont tenus. Les opérateurs se sont mis à faire trois ou quatre respirations profondes toutes les deux heures, et ils se sont aperçus que cela avait de réels effets sur leur ressenti général – leur bien-être, leur productivité, leur créativité et leur énergie. Pourquoi ? Parce que ces trente secondes leur offraient la récupération dont ils avaient énormément besoin pour gérer leur stress.

Les réponses, lutte, fuite ou inhibition, sont celles du stress. La respiration profonde permet ce que le Dr Herbert Benson de l'école de médecine de Harvard a appelé une réaction de détente[12]. Souvent, ces trois respirations sont tout ce dont vous avez besoin pour passer d'un moment de stress à un moment de récupération. Essayez ! Respirez lentement, doucement et profondément, laissez votre ventre se soulever lorsque vous inspirez et rentrer lorsque vous expirez. Il est d'ailleurs intéressant de noter que la plupart du temps, les bébés respirent naturellement de cette manière très saine – qu'ils soient éveillés ou endormis. Ce n'est en général pas le cas des adultes, notamment lorsqu'ils sont éveillés, ce qui est à la fois la cause et la conséquence de l'augmentation de leur niveau de stress. Pour sortir de cette spirale négative – où le stress engendre une respiration superficielle, qui à son tour provoque encore plus de stress –, nous devons adopter une respiration plus profonde. Le Dr Andrew Weil, fondateur et directeur du centre de médecine intégrative de l'université d'Arizona, dit : « Si je devais me limiter à un seul conseil pour une vie plus saine, ce serait simplement d'apprendre à respirer correctement[13]. »

C'est une chance, l'outil qui nous permet d'accroître notre bien-être se trouve littéralement sous notre nez et nous pouvons nous en servir à tout moment, dans presque toutes les situations. Sur la route du travail, nous pouvons nous concentrer et procéder à trois ou quatre inspirations et expirations profondes, ou bien assis devant l'ordinateur, avant une réunion importante, ou chaque fois que nous avons besoin d'un moment de calme. Pendant votre journée de travail, faites en sorte de prendre une pause d'au moins trente secondes toutes les deux heures, simplement pour respirer profondément, et si vous avez besoin d'un rappel, programmez une alarme. Procéder ainsi de façon régulière au cours de la journée peut avoir de réels effets sur la qualité de nos vies. Et si vous pouvez prendre le temps de faire des pauses de quinze minutes toutes les deux heures, c'est encore mieux. Si vous avez la possibilité d'ajouter une autre habitude à votre emploi du temps, je vous recommande des séances quotidiennes de méditation ou du yoga, de faire un tour, voire des exercices plus soutenus.

Philip Stone, professeur à Harvard, a été mon modèle et mon mentor. J'ai été son assistant pendant six ans avant qu'il ne me confie ses cours sur la psychologie positive, lorsqu'il a pris sa retraite. Le professeur Stone m'a enseigné de nombreuses leçons. J'ai reçu l'une des plus importantes dans un moment de détente, en 1999. Nous assistions alors à la toute première conférence sur la psychologie positive, qui s'est tenue à Lincoln dans le Nebraska. Entendre tous ces chercheurs, dont je lisais les écrits depuis si longtemps, fut une expérience incroyable. Le deuxième jour, après le déjeuner, quelqu'un a frappé à ma porte. C'était le professeur Stone. Il m'a dit :

« Allons faire un tour.

— Un tour, ici ? » ai-je demandé.

Il a répondu :

« Simplement marcher. »

Sans raison. Sans se presser. Sans avoir de but. Ces deux mots, *simplement marcher*, définissent exactement ce qu'est la récupération.

La récupération moyenne

Il s'agit ici d'introduire dans nos vies des phases de repos plus longues, telles qu'un jour de congé. Même Dieu a eu besoin d'un jour de repos lorsqu'il a créé le monde ! Pour nous, simples mortels, il s'agit d'un message important. Les personnes qui s'accordent cette journée sont non seulement plus heureuses, mais également plus productives et dans l'ensemble plus créatives[14]. Récupérer est donc un bon investissement.

Faire une bonne nuit de sommeil est également une forme essentielle de récupération moyenne. De nombreuses recherches montrent l'importance du sommeil pour notre santé et notre bonheur[15]. De nos jours, les gens essaient de tirer le plus de profit possible de leurs vingt-quatre heures, alors ils dorment moins que ce dont ils ont besoin. Mais comme le dit si bien l'adage : « Tu ne peux pas échapper au sommeil, tu peux seulement lui faire un emprunt[16]. »

D'une manière générale, les adultes ont besoin de sept à neuf heures de sommeil par nuit. Ceux qui ne dorment pas assez, afin de répondre aux exigences d'autres aspects de leur vie, souffrent plus souvent de dépression ou d'anxiété[17]. Le manque de sommeil peut également nous rendre irritables et plus facilement agressifs envers les autres. Les adultes sont capables de contenir leur mauvaise humeur en partie, ils n'en éprouveront pas moins les effets de la privation de sommeil, de la même manière qu'un bébé. Il va sans dire que cela affecte la qualité de nos relations – nous avons alors plus tendance à nous quereller avec les autres, à les contrarier ou à être contrariés par eux.

Le manque de sommeil affaiblit également notre système immunitaire, nous rendant plus sensibles aux allergies, à l'asthme, au rhume et à la grippe. Dans le cas de privation de longue durée, des recherches ont démontré que cela pouvait, de manière significative, accroître les risques de certains types de cancers et de maladies cardiaques. Dans l'une de ces études, il est indiqué que les femmes qui dorment en moyenne cinq heures par nuit ont 40 % de chances supplémentaires de faire une crise cardiaque ou de souffrir de maladies coronariennes, contrairement aux femmes dont le nombre d'heures moyennes de sommeil est supérieur à sept heures par nuit[18].

En outre, les personnes qui ne dorment pas suffisamment ont tendance à prendre du poids. Lorsque le corps est privé de sommeil, il envoie des signaux indiquant qu'il a besoin de plus d'énergie. L'un de ces signaux est l'insuline. Après seulement quatre nuits de manque de sommeil (c'est-à-dire environ six heures de repos par nuit), le niveau d'insuline augmente de manière importante[19]. Le corps réclame des aliments riches en matières grasses et en sucre – c'est-à-dire, une alimentation mal équilibrée. Cette situation peut conduire à de l'obésité, ce qui augmente les probabilités de diabète ou d'autres maladies.

Le manque de sommeil n'affecte pas uniquement notre organisme, dès le lendemain, des cercles noirs apparaissent autour de nos yeux et nos traits sont tirés. De plus, le manque de sommeil continu accélère le processus de vieillissement. Dormir nous permet donc de rester jeunes. Le sommeil est également important pour la sexualité. L'épuisement est un puissant ennemi de la libido. Il contribue à faire baisser le niveau de testostérone et peut entraîner des troubles sexuels chez l'homme comme chez la femme.

La privation de sommeil a aussi des conséquences sur notre fonctionnement cognitif[20]. De nombreux étudiants – jeunes ou moins jeunes – pensent qu'ils auront de meilleurs résultats même s'ils ne dorment pas autant que ce qu'il est recommandé, car cela signifie qu'ils ont plus de temps pour étudier. Il en va de même pour les adultes, qui économisent leur temps de sommeil afin de travailler davantage. À court terme, cela peut sembler une bonne solution, voire parfois nécessaire lorsqu'une échéance approche. Mais sur la durée, les séquelles sont bien réelles, alors qu'une quantité suffisante de sommeil s'avère bien plus payante. La productivité, l'efficacité, la créativité et la mémoire, toutes augmentent significativement lorsque nous faisons des nuits complètes.

Si tous ces arguments ne suffisent pas à vous convaincre de vous coucher plus tôt, sachez que la fatigue est l'une des causes majeures d'accident[21] : les capacités motrices sont atteintes, la somnolence s'installe et on s'endort au travail ou derrière le volant. Aux États-Unis, la National Highway Traffic Safety Administration* estime que la somnolence au volant est sans doute responsable de plus de 6 000 accidents mortels par an**.

Le sommeil affecte donc notre fonctionnement cognitif, notre physiologie et, sans surprise – étant donné le lien entre le corps et l'esprit –, notre bien-être psychologique. Un manque de sommeil continu engendre du stress sans récupération, ce qui nous maintient éveillés la nuit et ainsi de suite, nous faisant par conséquent entrer dans une spirale infernale, néfaste pour notre santé. Sara Mednick, spécialiste du sommeil et enseignante à l'université de Californie à Riverside, écrit : « Beaucoup de personnes que nous avons étiquetées comme “stressées” ne le sont en fait pas du tout. Elles ont simplement besoin de sommeil[22]. »

Il y a malgré tout un problème. Ces dernières années, j'ai lu beaucoup de textes sur le sommeil et parfois cela a contribué à m'empêcher de dormir ! J'ai parcouru tellement de recherches sur l'importance d'une bonne

---

* Agence fédérale américaine chargée de la sécurité routière. (*N.d.T.*)

** En France, selon l'ASFA (Association des sociétés françaises d'autoroutes), la fatigue et la somnolence ont été responsables de 23 % des accidents mortels entre 2015 et 2019. Ce qui place ce facteur en tête des causes de ce type d'accident. (*N.d.T.*)

nuit, que j'allais me coucher en pensant : *Il faut que je m'endorme, tout de suite !* Mais que se passe-t-il lorsque vous vous dites : *Il faut que je dorme* ? Vous avez moins de chances que cela arrive. Alors, j'ai appris à évacuer cette pensée. Si vous ne vous endormez pas, pas d'inquiétude. En étant allongé dans votre lit et en faisant une pause, vous êtes tout de même en train de vous reposer. Si vous souffrez d'insomnie, parce que vous êtes distrait et que vous pensez à votre liste de choses à faire pour le lendemain, essayez de lire un livre. N'allez pas sur Internet, car la lumière de votre écran vous empêcherait encore plus de vous endormir. Ne lisez pas non plus des informations qui pourraient vous contrarier, cela risquerait de vous éloigner encore davantage du sommeil. Vous pouvez également essayer une respiration lente et profonde. Si toutes ces solutions échouent et que vous n'avez pas suffisamment d'heures de sommeil la nuit, faites une sieste le lendemain. C'est bien mieux que rien. De plus, même si l'idéal serait une sieste de quatre-vingt-dix minutes, cinq minutes suffiront déjà amplement à redynamiser votre esprit et à alléger votre humeur. Le jeu en vaut la chandelle. Et si vous vous réveillez en vous sentant un peu dans le brouillard, car vous étiez au milieu d'un cycle de sommeil, aspergez votre visage d'eau froide ou faites quelques pas rapides pour relancer votre flux sanguin. Vous vous sentirez immédiatement reposé et prêt à repartir.

La macro-récupération

Pour terminer, il existe le niveau macro de la récupération. Allez camper, prenez du temps pour lire, ou ne faites absolument rien pendant quelques jours, voire plusieurs semaines, mais sachez que votre corps et votre esprit ont besoin de phases de repos plus longues. Elles doivent rompre avec votre routine quotidienne, comme une sorte de convalescence. Une étude récente a découvert que plus de la moitié des Américains n'utilisent pas la totalité de leurs jours de congés annuels*[23]. Parmi ceux qui prennent des vacances, plus de 40 % restent en contact avec leur travail, par exemple en regardant leurs e-mails**. Sans un véritable repos, le niveau de bonheur et de performance baissent. En revanche, les personnes qui prennent des congés sont globalement plus productives et créatives[24]. Ce n'est pas une coïncidence s'il existe un lien étymologique entre *récréation* et *création*. C'est en nous « récréant » que nous sommes les plus calmes pour créer.

Prendre des congés, de vrais congés, est extrêmement difficile, surtout pour les catégories A***, les

* Selon un sondage Ipsos datant de 2018, seuls 66 % des Français avaient l'intention de prendre la totalité de leurs jours de congés payés annuels. (*N.d.T.*)

** Selon un sondage OpinionWays réalisé en 2018, environ 35 % des Français utilisent leurs outils numériques professionnels pendant leurs vacances. (*N.d.T.*)

*** Au travail, les personnalités sont regroupées selon trois catégories, A – B – C. Les A sont les hyperactifs, les B représentent la force tranquille et les C sont de faux calmes qui manquent souvent d'assurance. (*N.d.T.*)

personnes ambitieuses. Nous (et je dis *nous*, car je suis moi-même une catégorie A) avons le sentiment que si nous prenons du repos, nous passerons à côté d'une occasion. Nous risquons de rater des informations. Les autres continuent de travailler dur et d'avancer, mais pas nous. Pour changer de point de vue, essayez de comparer votre situation à celle d'un conducteur de Formule 1. La voiture de course fait des tours et des tours de circuit à toute vitesse, mais elle ne peut pas terminer la course sans faire un arrêt au stand. Si un conducteur disait : *Si je m'arrête maintenant, mes concurrents vont me dépasser. Je ne vais pas faire d'arrêt au stand*, que se passerait-il ? Il se mettrait inévitablement en danger, les pneus risqueraient d'exploser ou bien la voiture pourrait ne plus avoir de carburant. C'est l'équivalant du surmenage. Dans votre vie personnelle et professionnelle, si vous succombez au syndrome du FOMO – *the fear of missing out* ou la peur de manquer un événement important –, vous risquez également de succomber au surmenage, le COBO – *the certainty of burning out.*

Qu'il soit micro, moyen ou macro, si vous ne faites pas d'arrêt au stand, vous risquez inéluctablement de vous surmener ou de déraper – après quoi il est encore plus difficile de se remettre sur le droit chemin. Même les voitures de course les plus performantes ne peuvent pas rouler indéfiniment à plein régime. Quelles que soient votre force et votre résilience, vous aurez besoin de ces instants de repos. En outre, c'est pendant ces périodes de calme que vous devenez plus résistant. C'est ainsi que le stress devient un avantage, car la récupération active notre système antifragile – nous aidant à être meilleurs, en bonne santé et plus heureux. La fréquence à laquelle vous avez besoin de faire des pauses, ainsi que la durée de celles-ci, est davantage une affaire de recherche de soi que de recherche tout court. Néanmoins, les études montrent qu'en moyenne, nous avons besoin de repos environ toutes les quatre-vingt-dix minutes, d'avoir au moins un jour de congé par semaine et de prendre deux semaines de vacances par an[25]. Mais c'est à vous d'évaluer quels sont vos besoins. Accordez-vous un peu de répit !

Une tâche à la fois

Comme son nom l'indique, faire *une tâche à fois* signifie se concentrer sur une seule chose à un instant donné. Il s'agit d'ignorer le chant des sirènes des nombreuses autres obligations qui nous attirent en permanence. Pour diminuer votre stress, vous devez limiter le nombre de choses que vous faites en même temps. Vous pensez peut-être : *Tal, je fais plusieurs tâches à la fois pour pouvoir en faire davantage. Si je parviens à barrer le plus de lignes possibles sur ma liste, je serai moins stressé.* Bien que l'avancement et la productivité puissent certainement contribuer à votre bonheur général, et même si parfois, faire plusieurs choses en même temps est nécessaire et inévitable, en faire trop en permanence peut augmenter votre stress et vous épuiser. Ainsi, même si vous êtes multitâche, introduisez dans votre journée des moments où vous serez « monotâche » – où vous vous impliquez pleinement dans une seule activité à la fois –, cela vous aidera beaucoup. Votre corps sera plus détendu, votre esprit plus concentré et vous aurez plus d'énergie pour continuer.

L'activité que vous entreprenez n'a aucune importance : passer du temps avec un membre de votre famille, un ami ou un collègue et leur offrir votre entière attention ; ou bien répondre à des e-mails et rien d'autre ; ou encore, danser et vous laisser entièrement absorber par la musique. J'appelle ces instants « des îlots de santé mentale », ce sont des moments de récupération sains, dans la cadence folle, multitâche et multistrate de nos univers.

....

Faire de l'exercice

Un grand nombre de recherches aboutissent à une seule conclusion simple : être physiquement actif est essentiel[26]. Bien que d'une certaine façon nous en soyons tous conscients, faire de l'exercice est généralement l'une des premières activités que les gens négligent lorsqu'ils sont trop occupés et stressés.

Je demande souvent à mes étudiants quel est le moment où ils sont le moins susceptibles de faire du sport et pourquoi. De façon quasi unanime, ils répondent : pendant la période des examens. Ils estiment qu'ils ont besoin de leur temps pour étudier et qu'ils ne peuvent pas se permettre d'en prendre pour faire de l'exercice. Je leur réponds que c'est justement dans les périodes de stress que nous avons le plus besoin de nous dépenser. Faire du sport fait partie des formes les plus puissantes de récupération après un stress psychologique, parce qu'il est extrêmement efficace pour la gestion de l'anxiété.

Sur les personnes en profonde dépression, une pratique régulière du sport – même seulement trente minutes de gym trois fois par semaine – a les mêmes effets que les traitements psychiatriques les plus puissants[27]. Se dépenser est également utile pour les personnes souffrant de dysthymie – une forme de dépression moins sévère mais plus persistante. L'activité physique fonctionne de la même façon qu'un médicament, elle permet de sécréter de la norépinéphrine, de la sérotonine et de la dopamine, les hormones du bien-être de notre cerveau[28].

Lorsque j'ai pris connaissance de ces effets, j'ai tout d'abord pensé que faire du sport était comme prendre un antidépresseur. Mais, en y réfléchissant plus avant, je me suis aperçu que ce n'était pas tout à fait le cas. Ce n'est pas faire de l'exercice qui équivaut à prendre un antidépresseur, mais plutôt le fait *de ne pas faire de sport qui revient à prendre un dépresseur.* Et cela va au-delà d'une simple différence sémantique. Nous ne sommes pas faits, nés, créés, conçus pour être des créatures sédentaires. Nous ne sommes pas censés rester assis à la maison toute la journée, devant un ordinateur, sans activité physique. Nous sommes faits pour bouger, littéralement nés pour courir – que ce soit après une antilope pour le déjeuner ou pour fuir un lion et ne pas devenir son déjeuner. De nos jours, il est bien trop facile de ne quasiment pas bouger nos muscles pendant de longues périodes, car bien sûr faire glisser nos doigts sur un écran ne compte pas. Lorsque nous frustrons un besoin, que ce soit un besoin d'oxygène, de vitamines, de sommeil ou d'exercice, nous en payons le prix fort. Et puisque notre corps et notre esprit ne font qu'un, une frustration physique conduit à une frustration psychologique.

Nous avons tous un niveau de bien-être de référence, déterminé par nos gènes et nos premières expériences – deux éléments qui échappent à notre contrôle. Si nous ne faisons pas d'activité physique, nous réduisons ce niveau de référence, compromettant ainsi ce que Dieu ou nos gènes nous ont donné. C'est la raison pour laquelle ne pas faire d'exercice revient à prendre un dépresseur.

Si l'on suit ce raisonnement, grâce aux effets d'une activité physique, nous ne devrions plus avoir besoin d'antidépresseurs, alors pourquoi ne pas jeter à la poubelle les pilules qui sont dans nos armoires à pharmacie ? Parce que faire de l'exercice n'est pas un remède universel, et parfois un traitement médical est le meilleur chemin à prendre. Malgré tout, les études suggèrent vivement que nous commencions à envisager l'activité physique comme un remède psychologie très efficace[29].

Francis Bacon, philosophe anglais du XVIe siècle, père de la science moderne, a écrit : « On ne triomphe de la nature qu'en lui obéissant. » Notre nature est telle que nous avons besoin de nous dépenser. Cette réalité est toujours vraie, plus particulièrement pendant les périodes difficiles.

I like to move it, move it

Faire de l'exercice ne signifie pas seulement transpirer à la salle de gym. Plus généralement, bouger est essentiel à notre bien-être. Des recherches entreprises à l'université de Cambridge, en Angleterre, montrent que les personnes qui bougent souvent ont tendance à être plus heureuses. Cette affirmation est également vraie pour les personnes qui travaillent derrière un bureau, mais qui se lèvent et marchent un peu, toutes les vingt à trente minutes – micro-récupération. De plus en plus de médecins estiment que « rester assis est le nouveau tabagisme ». Bien que cela puisse paraître un peu exagéré, cette affirmation n'est pas tout à fait fausse. Rester assis pendant de longues périodes n'est pas bon pour la santé[30]. Le principe de base est de se lever et de bouger environ toutes les trente minutes. Grimpez une volée de marches, faites des allers et retours dans les couloirs, allez aux toilettes, mais bougez. Le mouvement est essentiel à la santé physique et mentale.

Faites-vous régulièrement de l'exercice ? Si ce n'est pas le cas, ne vous sentez pas coupable. Il vous suffit de sortir et d'en faire ! Souvenez-vous, le mouvement est dans votre nature. Il est déjà suffisamment difficile d'améliorer votre bien-être, alors ne vous rendez pas la tâche d'être heureux encore plus difficile en luttant contre votre nature.

Mais que signifie faire régulièrement de l'exercice ? Les recommandations sont variables, le minimum étant trente minutes de gym trois fois par semaine et le mieux serait quarante-cinq minutes cinq fois par semaine. Si vous pratiquez l'entraînement fractionné de haute intensité (HIIT, *high-intensity interval training*), vous obtiendrez des bénéfices physiques et psychologiques similaires à un entraînement plus long avec des sessions plus courtes. Vous trouverez des milliers de programmes de HIIT en ligne. Il est important d'ajouter quelques exercices de musculation, surtout lorsque l'on prend de l'âge. Mon entraînement personnel se compose de sessions de HIIT trois fois par semaine et de séances de musculation irrégulières et disséminées par-ci par-là ; toutefois, dans les périodes difficiles – comme en ce moment –, j'ajoute à ce programme une session de gym hebdomadaire et deux activités de renforcement musculaire. Je bouge volontairement plus souvent parce que j'ai le sentiment d'en avoir besoin.

Votre régime sportif pourrait aussi comporter de la marche rapide – même si cela consiste uniquement à marcher dans votre appartement. Vous pouvez aussi faire du trampoline, une activité que j'apprécie tout particulièrement. Il existe des mini-trampolines qui ne prennent pas beaucoup de place, qui sont peu onéreux et faciles à trouver en ligne. Si vous avez chez vous un tapis de course, dépoussiérez-le et chaussez vos baskets, ou bien sortez courir, allez nager ou jouez au basketball. Trouvez sur Internet des programmes d'entraînements continus et de haute intensité (HICT, *high-intensity circuit training*) qui associent des exercices cardiovasculaires avec du renforcement musculaire. Quel que soit votre choix, réservez quelques plages horaires dans votre emploi du temps pour bouger. *You like to move it !*

Danser

La danse est l'un des exercices les plus efficaces pour être plus heureux ! Il est très difficile de danser tout en étant maussade ; généralement, nous ne pouvons pas nous empêcher de sourire lorsque nous nous trémoussons au rythme de notre musique préférée. Selon l'hypothèse de la rétro-action faciale, ce sourire est intériorisé, ce qui nous rend plus heureux. Lorsque nous dansons, la position que nous adoptons a également des effets sur notre humeur. Alors, organisez une soirée dansante avec vos enfants ou vos amis, suivez un cours de danse de salon virtuel avec votre partenaire, assistez à un cours de danse ou faites de la zumba. Quelle que soit votre façon préférée de danser, lancez-vous, prenez votre dose d'exercice. Cela fonctionne comme une drogue, sans les effets secondaires ou plutôt avec de très nombreux effets secondaires positifs.

Les enfants et l'exercice

Faire de l'exercice a des effets positifs à tout âge. Une étude menée par John Ratey, psychiatre à l'école de médecine de Harvard, a montré que dans les écoles où des séances régulières de sport ont été introduites, les enfants sont plus heureux. Ils sont également moins violents : les agressions physiques et verbales y ont diminué de plus de 60 %, simplement grâce à l'ajout d'un peu d'exercice dans leur journée scolaire. Les jeunes qui se dépensent ont aussi généralement de meilleurs résultats et sont plus productifs, plus créatifs et plus impliqués. Le sport, seul ou en complément d'un traitement, peut aider à soulager les troubles du déficit de l'attention et de l'hyperactivité[31] (TDAH). Que votre enfant passe sa journée à la maison ou à l'école, je vous encourage vivement à ce que l'exercice soit un élément obligatoire de sa journée.

Les jeux d'enfants de Pieter Brueghel l'Ancien

Au XVIe siècle, l'artiste flamand Pieter Brueghel l'Ancien, l'un des plus grands peintres de la Renaissance, a réalisé une très belle peinture à l'huile qui s'appelle *Les Jeux d'enfants*. Elle illustre la vie d'autrefois dans les villages flamands : les enfants jouent en extérieur, courent dans tous les sens, font le poirier, jouent à saute-mouton, ou se grimpent sur le dos. Ce tableau est une célébration du mouvement. Il me rappelle mon enfance en Israël, où j'ai grandi en passant d'innombrables heures à jouer dehors. Comme dans beaucoup de pays méditerranéens, entre 14 et 16 heures c'est l'heure de la sieste. Dès que l'horloge sonnait 16 heures, nous nous ruions à l'extérieur pour jouer à cache-cache, au football ou à chat. Nous bougions et jouions en permanence jusqu'à l'heure du dîner. Aujourd'hui, la vie des enfants est très différente, elle comporte probablement beaucoup plus de mouvements des doigts, mais énormément moins d'activités impliquant la totalité du corps. Que pouvons-nous apprendre de ce tableau pour ajouter plus de mouvements à nos vies ? Pour chacun d'entre nous, c'est aujourd'hui le bon moment d'encourager nos enfants à bouger et pour nous les adultes de retrouver l'esprit libre de notre enfance afin de mettre en place de nouveaux rituels d'exercices et de jeux. À titre personnel, cette peinture m'inspire pour bouger davantage et le faire dans la joie.

Vieillir

Les effets de l'exercice sur le vieillissement sont indéniables. Une méta-analyse de la relation entre l'activité physique et le vieillissement a montré que la pratique régulière d'un sport réduit de 52 % les probabilités d'Alzheimer et de sénilité[32]. C'est également vrai si vous démarrez un entraînement physique plus tard dans votre vie. Il n'existe aucun médicament qui se rapproche, si peu que ce soit, de tels effets. Lorsque j'ai entendu parler de cette étude, j'ai aussitôt téléphoné à ma mère. Je lui ai dit : « Maman, tu te souviens que je t'ai toujours recommandé de faire de l'exercice ? Eh bien, à présent je ne te le recommande plus, je l'*exige.* » En règle générale, je ne parle jamais de cette façon à ma mère. Mais je l'ai fait. Pourquoi ? Parce que sa mère, ma grand-mère, est décédée de la maladie d'Alzheimer. La tante de ma mère, la sœur de ma grand-mère, en est également morte. Il existe hélas dans cette maladie une part héréditaire. Alors, j'ai dit à ma mère : « Il faut que tu fasses de l'exercice. Si tu ne le fais pas pour toi, alors fais-le pour tes enfants et tes petits-enfants. » Je suis soulagé, car elle a pris mon conseil très à cœur et s'est religieusement mise à faire de l'exercice. Elle a même continué son entraînement pendant le confinement du Covid-19.

Si vous ne pratiquez pas déjà une activité physique, alors, quel que soit votre âge, mettez-vous à bouger. Faites-le de manière progressive – il est préférable de pécher par excès de lenteur que de rapidité –, dans l'idéal avec le soutien d'un entraîneur ou d'un médecin. Choisissez, si possible, des activités que vous aimez, parce que de cette façon vous parviendrez plus facilement à poursuivre. Faire de l'exercice est toujours essentiel, d'autant plus dans les périodes où le stress a tendance à être plus élevé.

Les zones bleues

Dan Buettner, du *National Geographic*, aux côtés d'autres chercheurs, a étudié les zones bleues, ces régions du monde où les populations vivent le plus longtemps[33]. Il y a Ikaria, une petite île grecque ; Okinawa au Japon ; la ville de Loma Linda dans l'État de Californie aux États-Unis ; l'île de Sardaigne en Italie ; et la ville de Nicoya au Costa Rica. Ces lieux comptent cinq à sept fois plus de centenaires que n'importe où ailleurs. Buettner a écrit *Blue Zones* dans le but de partager les meilleures pratiques mondiales en matière de santé et de longévité, afin que nous puissions les appliquer à nos vies. Dans son livre, il conclut en ces termes : « Si nous adoptions le bon mode de vie, nous pourrions ajouter dix années à notre espérance de vie et ne souffrir que d'une partie des maladies qui nous tuent prématurément. » Ces nombreuses idées évoquées par Buettner ne sont pas uniquement intéressantes pour notre bien-être physique, mais aussi pour notre bien-être psychologique – notre bonheur.

Vous ne serez sans doute pas surpris d'apprendre que les habitants de ces zones bleues font de l'exercice. Pourtant, elles ne vont pas à la salle de sport ; la plupart n'en ont aucune à proximité. En revanche, elles font de l'exercice pendant leurs activités quotidiennes. Tantôt, elles montent au sommet d'une montagne. Tantôt, elles marchent de longues heures, simplement pour aller voir un ami ou se rendre dans un magasin. Elles soulèvent et tirent de lourdes charges par nécessité. Dans notre monde moderne, nous obtenons tout bien trop facilement. Nous avons toujours une télécommande à portée de main, de la nourriture dans nos assiettes d'un simple appel téléphonique. Or, utiliser notre main, même si c'est pour soulever un smartphone, ne s'apparente pas à de l'exercice.

Il est intéressant de remarquer que dans ces zones bleues, il n'existe pas de régime alimentaire universel, même s'il y a quelques principes récurrents. Manger notamment des aliments naturels et non transformés, ainsi que des fruits, des légumes et des fruits à coques en abondance. De plus, il semble que la qualité des aliments ne soit pas uniquement ce qui compte, mais également la quantité. Les habitants de ces régions mangent avec modération. À Okinawa par exemple, avant chaque repas, ils prononcent l'adage suivant : « Mange à 80 % de ta faim. » Contrairement à la majorité d'entre nous qui mangeons jusqu'à ce que nous n'ayons plus faim, et parfois même un peu plus.

Dans la vie des habitants de ces zones bleues, on retrouve les autres clés de la SPIRE. Ils apprécient par exemple de donner un sens à leur vie (bien-être spirituel) ainsi que d'entretenir des liens amicaux et familiaux profonds (bien-être relationnel). Par ailleurs, Buettner souligne que nous ne sommes pas obligés de tout mettre en pratique, ni d'introduire des changements radicaux dans nos vies, pour obtenir des bienfaits significatifs. Nous pouvons nous concentrer sur une seule clé de la SPIRE, le bien-être physique par exemple, et introduire de petits changements qui feront une grande différence. Diminuer légèrement la quantité de nourriture que nous ingérons et ajouter quelques légumes supplémentaires ou des fruits à coque à notre régime alimentaire serait déjà un grand pas. Quant à l'activité physique, Buettner explique l'intérêt de se *créer de petites contraintes*, notamment, se lever plutôt que se servir de la télécommande, prendre les escaliers à la place de l'ascenseur, choisir de temps à autre de marcher et non d'utiliser la voiture pour se rendre quelque part.

La constance est la clé

Certains matins vous vous réveillez en ayant le sentiment de n'avoir aucune énergie. Nous l'avons tous déjà vécu. L'un de mes étudiants m'a dit : « Il y a des jours où je parviens à faire tout ce que je veux – sport, yoga, méditation –, mais il y en a d'autres où je n'ai vraiment rien envie de faire. » Mon étudiant n'est pas le seul à ressentir cela. Les montagnes russes sont bien réelles, d'autant plus en période de stress – un jour vous allez peut-être avoir une surabondance d'énergie et le lendemain une pénurie. Il y a des jours où j'ai simplement envie de me cacher dans ma chambre et de ne rien faire. L'une des difficultés, lorsqu'on se sent déprimé, est d'éviter la spirale négative – notre moral est en berne, alors nous pensons : *Pourquoi s'embêter ?* ; nous arrêtons de faire de l'exercice et de donner la priorité à la récupération, alors, nous allons encore plus mal et ainsi de suite.

Cette spirale se manifeste souvent par de la procrastination, repousser à plus tard les choses qui n'ont pas absolument besoin d'être faites dans l'immédiat… et les repousser encore. Que recommander aux procrastinateurs[34] ? Essayez la stratégie du « cinq minutes à la fois ». Dites-vous : *Même si je n'ai pas envie de faire cela maintenant, je vais tout de même le faire pendant au moins cinq minutes*. Par exemple, marchez, danséz ou jouez avec un ballon pendant cinq minutes et la plupart du temps vous vous apercevrez que ces cinq minutes conduiront à cinq autres et ainsi de suite. Cette stratégie ne s'applique pas uniquement à l'exercice. Je l'utilise les jours où je n'ai pas envie d'écrire. Peu de temps après avoir commencé, quelques minutes seulement, j'adopte un rythme et je me retrouve à poursuivre mon travail pendant deux heures, voire plus. Je me rends compte que l'énergie vient une fois que le processus est lancé.

Beaucoup de procrastinateurs font l'erreur de penser que la motivation précède l'action. En d'autres termes, ils sont persuadés que, pour faire quelque chose, il est d'abord nécessaire d'être motivé. Ce n'est pourtant pas le cas. Les personnes qui ne remettent rien à plus tard, ou moins souvent, ont un modèle contraire. Lancez-vous, agissez et vous aurez plus de chances d'atteindre un état d'esprit enthousiaste et prêt à poursuivre, même si vous êtes déprimé. Parfois, nous avons besoin de faire semblant avant de réellement faire, ou comme le dit la psychosociologue Amy Cuddy : « Faire semblant jusqu'à devenir cette personne[35]. »

Faire de l'exercice trois fois par semaine de façon régulière, même si vous manquez occasionnellement une séance, fera la différence. Nous avons expliqué plus haut, que des pauses quotidiennes, même de trente secondes, sont également essentielles. Les bénéfices sont valables uniquement si vous adoptez des habitudes régulières. Voici donc la clé : les petits changements font les grandes différences *lorsqu'ils sont mis en place avec constance*. Si par exemple j'avais le choix entre me rendre une seule fois à une retraire méditative le temps d'un week-end ou méditer quotidiennement pendant cinq minutes, je prendrais la seconde option. Si je devais choisir entre courir 25 km une fois par semaine ou bien 8 km trois fois par semaine, je prendrais l'entraînement le plus court. Pourquoi ? Parce que les changements opérés avec constance sont ceux qui stimulent notre bonheur sur la durée, bien plus que des pics occasionnels d'activité.

BILAN PERSONNEL DE LA SPIRE

Bien-être physique

Réalisez les trois étapes du bilan personnel de la SPIRE, *attribuer*, *décrire* et *prescrire*, en vous concentrant sur votre bien-être physique, et en réfléchissant aux questions suivantes :

Quel est votre degré d'activité physique ?
Prenez-vous soin de votre corps ?
Prenez-vous du temps pour vous reposer et récupérer ?
Comment gérez-vous votre stress ?

En vous basant sur vos réponses, déterminez votre niveau de bien-être physique, puis *attribuez* une note entre 1 et 10, 1 étant faible ou très peu fréquent, et 10 élevé ou très fréquent. Après avoir donné cette note, *décrivez*, par écrit, pourquoi vous vous êtes octroyé ce score. Ensuite, *prescrivez* une action pour faire évoluer cette note d'un seul point, pour commencer. Il peut par exemple s'agir d'introduire trois sessions de sport par semaine, trente secondes de respiration profonde toutes les deux heures, faire une seule tâche à la fois au moins une heure par jour, enlever les piles de votre télécommande et ainsi de suite. Faites cette introspection une fois par semaine.

....

3

Bien-être intellectuel

La plus grande erreur que puisse faire un homme est d'avoir peur d'en faire une.

Elbert Hubbard

Lorsque Aristote, le très éclairé philosophe grec, décrivait l'être humain comme un animal rationnel, il suggérait que notre capacité à penser et à raisonner, notre intellect, est ce qui nous définit. Mais cette qualité principale, qui selon lui nous distingue des autres espèces, est-elle ce qu'il y a de mieux pour notre bonheur ? Une croyance assez répandue estime que pour être heureux, nous devrions tendre vers l'état d'esprit d'une vache qui pâture – que l'absence de pensée nous libèrera de nos inquiétudes et que nous pourrons tout simplement être… heureux. Après tout, comme on dit, trop de réflexion entraîne souvent dans une spirale sombre et morose. Cependant, pour la plupart des gens, voire tous, vivre uniquement comme un animal

– c’est-à-dire uniquement pour satisfaire ses besoins physiques et laisser de côté les autres – engendrerait sur la durée bien plus de mal-être. Alors, comment faire un meilleur usage de nos capacités intellectuelles, pour qu’elles contribuent à notre bonheur au lieu de le saboter ?

Le bien-être intellectuel se compose de plusieurs facettes : dans ce chapitre, nous aborderons trois d’entre elles. Premièrement, le bien-être intellectuel consiste à nourrir votre curiosité inébranlable et innée, votre désir naturel d’en apprendre toujours plus. Deuxièmement, il est essentiel de creuser certains sujets, à la fois par plaisir mais également pour aiguiser notre réflexion. Troisièmement, être ouvert à la possibilité de faire plus d’erreurs. Paradoxalement, c’est en apprenant à accepter l’erreur – l’accepter comme une expérience essentielle plutôt, non comme quelque chose à craindre ou à rejeter – que nous nous préparons à mieux atteindre de nouveaux sommets.

Cultiver la curiosité

Nous sommes par nature curieux du monde qui nous entoure et de ce qu’il y a en nous ; cependant en vieillissant cet instinct est parfois étouffé, souvent par les bonnes intentions des éducateurs, qu’ils soient parents ou enseignants. Le pédagogue Mihály Csíkszentmihályi écrit :

> Les parents ou les écoles ne sont pas très efficaces pour apprendre aux enfants à trouver du plaisir dans les bonnes choses. Les adultes eux-mêmes, souvent

leurrés par l'engouement envers de sots modèles, participent à cette tromperie. Ils donnent le sentiment que les tâches sérieuses sont ennuyeuses et difficiles, alors que les activités plus frivoles sont captivantes et faciles. D'une manière générale, l'école échoue à transmettre à quel point la science ou les mathématiques peuvent être passionnantes et fascinantes de beauté ; elle enseigne la monotonie de la littérature et de l'histoire, plutôt que l'aventure[1].

La focalisation de la société sur des critères de réussite extrinsèques, tels que les notes ou les récompenses, les examens normés et la compétition, a des répercussions sur notre passion et sur notre amour intrinsèques pour l'apprentissage. L'enthousiasme et la fascination dont font preuve les enfants en posant des questions et en apprenant se transforment souvent en apathie et en ennui lorsqu'il s'agit des devoirs scolaires. Inutile de préciser que cette forme d'enseignement entraîne un manque de bien-être intellectuel. Selon le théoricien Neil Postman : « Les enfants entrent à l'école tels des points d'interrogation et en ressortent tels des points finaux. » Cette approche de l'apprentissage – et souvent de la vie tout entière – perdure lorsque les enfants deviennent adultes et se traduit par un manque d'implication dans leur vie professionnelle et personnelle. Nous échouons à profiter de la vie et nous transmettons tragiquement aux générations suivantes cette vision ennuyeuse et sans intérêt de l'apprentissage.

Fort heureusement, il est très difficile d'annihiler la curiosité. Elle est tout au plus endormie, comme mise en sommeil, attendant avec impatience le moment où elle se sera éveillée. Parfois, l'intense désir d'apprendre est réduit à une petite étincelle, qui dans son état le plus faible, ne possède pas la puissance nécessaire pour que la vie nous passionne – pourtant, cette étincelle possède toujours le pouvoir le relancer le feu. Albert Einstein, dont la passion pour l'apprentissage était l'une des caractéristiques principales, a écrit : « C'est un vrai miracle de voir que les méthodes modernes d'instruction n'ont pas encore totalement étouffé la saine curiosité intellectuelle. » Nous ne devrions toutefois pas tenir ce miracle pour acquis, nous ne devrions pas continuer comme si de rien n'était. Au contraire, nous devrions faire de notre mieux pour raviver la flamme de la curiosité et celle de notre passion pour l'apprentissage.

Comment retrouver notre état naturel de curiosité si nous l'avons mis de côté ? L'obstacle le plus redoutable qui se dresse sur notre chemin est sans doute la croyance erronée, selon laquelle certaines personnes ne sont tout simplement pas curieuses – pour elles, le désir de poser des questions, d'apprendre et de grandir aurait été définitivement éteint ou n'aurait jamais existé. Le problème de cette fausse vision est qu'elle se transforme en prophétie autoréalisatrice et réduit à néant toute tentative de découvrir un centre d'intérêt ou une passion. Or sans recherches il ne peut y avoir de découvertes.

La première étape pour retrouver l'amour de l'apprentissage nécessite de la conviction, celle qu'il existe en nous une curiosité innée et inébranlable. Déclarer de manière catégorique : « Je n'aime pas apprendre », équivaut à dire : « Je n'aime pas manger. » Nous pouvons ne pas aimer les sardines ou les concombres, mais nous sommes constitués de telle façon que nous prenons plaisir à manger, au moins certaines choses. De la même manière, nous n'aimons peut-être pas étudier les mathématiques ou maîtriser des langues anciennes ; pourtant, notre nature veut que nous prenions plaisir à apprendre. Poser des questions et découvrir de nouvelles choses est un moyen de satisfaire notre nature inquisitrice, tout comme la nourriture ou l'eau assouvissent nos besoins physiques. Ainsi, tout comme nous avons faim de nourriture, car elle est nécessaire à notre survie et à notre développement, nous avons soif d'apprendre et de grandir. Bébés, si nous étions dénués de curiosité, nous ne nous aventurerions pas en dehors de notre parc à barreaux – nous n'apprendrions pas à marcher à quatre pattes ou sur nos deux jambes, à saisir ou à étreindre[2].

Si vous avez l'intention de retrouver votre amour pour l'apprentissage, la question que vous devez vous poser n'est pas *si* vous aimez apprendre, mais plutôt : « *Qu*'aimez-vous apprendre et *comment* ? » Vous serez peut-être plus intéressé par l'univers des chiffres et des symboles, alors que d'autres seront attirés par l'art et la musique ; vous vous prendrez de passion pour les origines de l'humanité et l'évolution, ou bien serez tenus éveillés par des questions sur le sens et le but de la vie en général ; il y a ceux qui sont fascinés par la psychologie humaine et ceux qui s'intéressent à celle des animaux. Fort heureusement, notre monde est tellement riche et varié qu'il existe une infinité de sujets à étudier.

Une fois que vous êtes conscient que votre curiosité n'a pas totalement disparu, l'étape suivante, pour raviver la passion de l'apprentissage, est de feindre cette dernière jusqu'à ce qu'elle devienne bien réelle. Daryl

Bem, psychologue à l'université américaine de Cornell, a mené des recherches qui ont montré que nous développons certains comportements avec nous-mêmes, de la même manière que nous en développons envers les autres, par l'observation[3]. Si nous voyons un homme en train d'aider les autres, nous en concluons qu'il est gentil ; si nous voyons une femme se battre pour ses convictions, nous en déduisons qu'elle a des principes et qu'elle est courageuse. De la même façon, nous tirons des conclusions sur nous-mêmes en observant nos comportements. Lorsque nous sommes gentils ou courageux, notre état d'esprit prend la même direction que celle de nos actes, donc nous nous sentons et nous nous percevons davantage comme une personne plus gentille et plus courageuse. Avec le temps et grâce à ce mécanisme – que Bem appelle la théorie du concept de soi –, notre attitude fait évoluer nos dispositions d'esprit. La curiosité étant une disposition d'esprit, nous pouvons la faire évoluer grâce à notre attitude : en observant nos moments de curiosité, nous pouvons devenir plus curieux.

Par conséquent, si vous avez perdu la passion de l'apprentissage, faites semblant, jusqu'à ce que vous la ressentiez véritablement. Posez des questions à vos amis ou à vos collègues sur leurs domaines de compétences, lisez des articles ou assistez à des conférences sur un sujet que vous maîtrisez peu et approfondissez ceux qui vous sont déjà familiers. L'étincelle de la curiosité est déjà en vous, il ne faudra guère de temps avant que votre passion pour l'apprentissage renaisse.

Un grand nombre de recherches ont montré comment le goût pour certains aliments se développe chez les bébés et les adultes. Le goût de l'apprentissage peut également s'acquérir[4]. Par exemple, un enfant de 2 ans peut ne pas aimer le concombre et refuser d'en manger ; mais après y avoir goûté une dizaine de fois, il finira par l'apprécier. Une personne d'âge mûr, qui goûte un concombre pour la première fois, peut ne pas aimer le goût, mais après en avoir mangé quelques dizaines de fois – son cerveau étant moins flexible que celui de l'enfant –, elle va très probablement commencer à l'apprécier. C'est en essayant que nous développons notre palais, que nous diversifions l'éventail des goûts et des textures que nous aimons. De la même manière, nous pouvons apprendre à être plus curieux et ouverts aux expériences – pour étendre et varier le champ de nos explorations – en testant de nouvelles idées et de nouvelles aventures. De façon métaphorique, notre esprit se déploie comme nos papilles gustatives se développent. Ralph Waldo Emerson a écrit : « L'esprit, une fois étiré par de nouvelles idées, ne revient jamais à ses dimensions d'origine. » Alors, étirez-le ! Les bienfaits sont multiples. En effet, vous serez fondamentalement plus antifragiles, capables d'apprendre et de surmonter les difficultés. Et grâce au lien évoqué dans le chapitre précédent, votre esprit ne sera pas l'unique bénéficiaire d'un surplus de curiosité, votre corps en tirera également profit.

Lillian Smith, l'auteure américaine du XXe siècle qui a courageusement lutté contre la ségrégation ainsi que pour l'égalité entre les genres et les races, a écrit : « Lorsqu'on arrête d'apprendre, d'écouter, de regarder et de poser des questions, toujours de nouvelles questions, alors il est temps de mourir. » Smith recommande une curiosité permanente et un apprentissage tout au long de la vie. Mais la peine capitale qu'elle prédit si notre curiosité s'éteint n'est-elle pas un peu sévère ? Oui, probablement. En tant qu'auteure de fiction, elle cherchait sûrement à créer un effet dramatique. Néanmoins, cette théâtralité recèle une part de vérité. En effet, des chercheurs dans le domaine de la santé, tels que Gary Swan et Dorit Carmelli, ont montré qu'il existait un lien entre la curiosité et la longévité[5]. Dans leur étude, où d'autres facteurs sont également pris en compte, les adultes d'un certain âge qui étaient curieux avaient tendance à vivre plus longtemps que ceux qui ne l'étaient pas. Ainsi, la curiosité peut tuer un chat mais il semble bien qu'elle prolonge la vie des hommes.

Posez-vous des questions

Nous pouvons aussi orienter le viseur de notre curiosité vers nous-mêmes. Le philosophe grec de l'Antiquité Socrate, considéré comme le père de la pensée traditionnelle occidentale, incitait ses étudiants à pratiquer un dialogue intérieur pour mieux se comprendre, non par des leçons et des réponses, mais par l'exploration et le questionnement. Cette approche pédagogique est ce que nous appelons aujourd'hui la méthode socratique. À des milliers de kilomètres du lieu où Socrate a vécu et plus de cent ans auparavant, Confucius, considéré comme le père de la pensée orientale, plaçait également l'investigation au centre de sa philosophie. Un célèbre proverbe chinois, attribué à Confucius ou au moins inspiré par lui, dit ceci : « Celui qui pose une question risque d'avoir l'air bête pendant cinq minutes, celui qui n'en pose pas le restera toute sa vie. »

Poser des questions est quelque chose que nous faisons naturellement, c'est une bonne chose, car cela nous permet d'apprendre et d'évoluer. En revanche, ce qui est moins utile, surtout lorsque nous affrontons des difficultés et des épreuves, c'est notre propension à concentrer notre attention sur ce qui ne fonctionne pas – investiguer sur la partie à moitié vide du verre et non sur celle qui est pleine. Par exemple, si je suis en train de vivre une période compliquée, je vais probablement me demander, ou bien quelqu'un le fera pour moi : « Qu'est-ce qui ne pas dans ta vie en ce moment ? » ou bien « Pourquoi es-tu si anxieux ? ». Si mon couple rencontre des difficultés, nous (et tous ceux qui cherchent à nous aider) nous demanderons peut-être : « Qu'est-ce qui ne fonctionne pas dans notre relation ? » ou alors « Que cachent toutes ces disputes ? ». Si une entreprise ne parvient pas à atteindre ses objectifs, les conseillers en gestion internes ou externes poseront probablement des questions telles que : « Quelles sont les faiblesses de votre modèle ? » ou encore « Quels sont les obstacles qui vous empêchent d'avancer ? ».

Ces questions sont pertinentes et importantes, mais de plus en plus de données indiquent que se concentrer sur le problème ne suffit pas ; si nous désirons atteindre notre potentiel personnel, interpersonnel ou organisationnel, nous devons regarder au-delà de ce qui nous manque et examiner aussi la partie pleine du verre. David Cooperrider, cofondateur du domaine de l'Appreciative Inquiry (« enquête approbatrice »), souligne que : « Nous vivons dans un monde créé par nos interrogations. » Si nous souhaitons construire le meilleur univers possible pour nous-mêmes et pour les autres, nous devons nous poser des questions positives : « Nous avons découvert que, plus nous posons des questions positives, plus durable et réussi sera l'effort de changement[6]. »

Afin d'accroître les probabilités d'un tel changement, et au lieu de vous concentrer sur les choses qui ne fonctionnent pas, vous pouvez inverser l'intention de vos questions. Même lorsque vous traversez des moments difficiles demandez-vous plutôt : qu'y a-t-il de *bien* dans ma vie ? Quelles sont mes sources potentielles d'apaisement ? Qu'est-ce qui *fonctionne* dans mon couple et comment avançons-nous ensemble ? Quelles sont les forces de ce modèle et quels sont ses avantages compétitifs ?

Après avoir mis en avant ce qui marche – que ce soit dans votre vie, votre couple ou votre entreprise –, poursuivez en vous demandant : que puis-je apprendre et mettre en œuvre à partir de ce qui va bien et qui fonctionne ?

Une question, c'est comme une lampe torche qui éclaire et attire votre attention vers une zone bien définie. Tout ce qui se trouve au-delà du cercle de lumière reste dans l'obscurité. Si les questions que vous posez sont trop limitées, vous risquez de ne pas trouver ce que vous cherchez, même si vous dépensez beaucoup de temps et d'énergie pour y répondre. La prise de décision nécessite que vous songiez aux possibilités qui sont sous vos yeux, or vous ne pouvez réfléchir à ce que vous ne voyez pas encore. La solution fondamentale pour élargir votre champ des possibles réside dans le choix des questions que vous vous posez.

12 nouvelles questions

Voici une liste de questions qui ont été utiles à d'autres ainsi qu'à moi-même. Servez-vous-en de guide dans des situations difficiles ou pour atteindre un objectif. Gardez à l'esprit que cette liste n'est pas exhaustive, et qu'il existe de très nombreuses autres questions qui pourraient mieux convenir, selon les personnes et les contextes. Tout comme vous dépensez beaucoup de temps et d'énergie pour affiner vos capacités de réponse, vous pouvez entraîner de la même manière votre talent d'enquêteur. C'est en expérimentant et en maîtrisant mieux l'art de poser des questions, toujours plus de questions, que de nouveaux chemins s'ouvriront finalement à vous. Voici donc de quoi encourager votre curiosité, élargir votre champ de vision et ainsi contribuer au bien-être de votre personne tout entière.

1. Quand est-ce que je suis le plus heureux ?
2. Comment être plus heureux ?
3. Dans quel contexte ai-je le plus le sentiment que ma vie a un sens ?
4. Comment puis-je trouver davantage de sens dans ma vie ?
5. Parmi mes habitudes, lesquelles sont positives ?
6. Comment introduire plus d'habitudes positives dans ma vie ?
7. Qu'est-ce que j'aime apprendre ?
8. Comment assouvir davantage ma curiosité ?
9. Qu'est-ce qui fonctionne dans mes relations avec les autres ?
10. Que faire pour avoir de meilleures relations avec les autres ?

11. Quand est-ce que je ressens le plus de joie ?
12. Comment amener plus de joie dans ma vie ?

....

L'apprentissage approfondi

Lorsque j'ai entamé mes études universitaires, le premier cours que j'ai suivi concernait la lecture rapide. Il était offert aux nouveaux étudiants et se tenait une semaine avant la rentrée officielle, pour nous permettre d'anticiper la très forte charge de travail à venir*. Ce fut un cours très utile grâce auquel j'ai été capable de lire des centaines de pages en une semaine ; ce que je n'aurais pas été en mesure de faire sinon. Cet apprentissage m'a été d'un grand secours pendant toutes mes années d'études supérieures, et aujourd'hui encore, je m'en sers pour me tenir informé au quotidien des résultats de la NBA ou d'une actualité politique en perpétuel mouvement. Pourtant, il y a un enseignement encore plus important que Harvard aurait dû proposer et que toutes les universités et entreprises devraient offrir : c'est la lecture lente. C'est-à-dire un cours qui ne traite pas d'un apprentissage superficiel mais d'un apprentissage profond.

Avec le temps et l'aide de mon tuteur, le philosophe Robert Nozick, j'ai appris à lire lentement. Chaque semaine, il me donnait un court extrait à lire et me demandait d'en rédiger un commentaire. Puis, pendant une heure, parallèlement au court extrait que j'avais

* Aux États-Unis, les universités sont majoritairement payantes, d'où la précision que ce cours était offert. (*N.d.T.*)

lu, nous choisissions un paragraphe de ma réponse et nous disséquions minutieusement le tout. Je pouvais ainsi comprendre les différents niveaux de signification que chaque phrase recelait. Les effets de cet exercice furent remarquables. J'avais appris à lire lentement et à penser en profondeur.

Mais quels sont les bénéfices de la lecture profonde d'un texte, de l'analyse d'une œuvre d'art ou de l'observation de la nature ? Pourquoi devriez-vous prendre le temps de lire et relire un paragraphe, de contempler un tableau ou d'admirer l'arbre que vous apercevez par votre fenêtre ? N'est-ce pas une perte de temps ? Il y a tellement de choses géniales à faire autour de nous, ne devrions-nous pas accomplir autant de choses que possible, avec le peu de temps que nous avons ? En effet, si votre principale préoccupation est de réaliser le maximum de tâches afin de pouvoir cocher toutes les cases de votre liste, alors préférer la quantité à la qualité est la bonne solution. En revanche, si votre souci principal est de cultiver le bonheur et la plénitude, alors vous devez utiliser un peu de votre temps pour creuser plus en profondeur.

Avant toute chose, l'apprentissage approfondi peut vous apporter beaucoup de joie et de plaisir. Lorsque j'étais au lycée, nous avons dû lire *Crime et châtiment*. Je l'ai lu mais je n'en ai pas profité. J'ai même lu le Profil (ne le dites pas à mon professeur d'anglais), cette version courte qui explique tout ce qu'il y a à savoir sur une œuvre dans le but de réussir un examen. Aujourd'hui, je me suis repenché sur Dostoïevski, sans avoir de date butoir et j'ai pu bien mieux apprécier son travail. Lorsque je lis, je prends le temps de m'abandonner au plaisir de me plonger dans l'esprit brillant de l'auteur, de découvrir le Saint-Pétersbourg du XIXe siècle, tout en admirant la nature de notre sens moral. Je n'ai aucune raison de me presser – et largement le temps d'apprendre, de grandir, de savourer et d'apprécier. Cela me rappelle les mots de Henry David Thoreau, écrits à la même époque que *Crime et châtiment* : « La vie est trop courte pour que l'on soit pressé. »

Le second bienfait de l'apprentissage approfondi est qu'il permet de mieux réussir dans d'autres domaines de votre existence. Mes ancêtres européens étaient de brillants hommes d'affaires. Ils n'avaient pas suivi de cours dans une école de commerce, d'ailleurs ils n'étaient pas allés à l'université et la plupart d'entre eux n'étaient même jamais allés au lycée. En grandissant, j'ai demandé à mon grand-père quel était leur secret. Il m'a expliqué que bien qu'ils n'aient reçu aucune éducation scolaire, ils étaient néanmoins des spécialistes. Ils avaient étudié quotidiennement et avec attention la Bible hébraïque et le Talmud, seuls ou avec un rabbin, un membre de leur famille ou un ami. Pendant des heures, ils analysaient un passage et se lançaient dans des débats animés à propos de la traduction du texte original en hébreu ou en araméen. Parfois, ils passaient des jours à discuter de l'intention d'une phrase, ou du véritable sens d'un seul mot.

L'apprentissage approfondi a non seulement permis à ces spécialistes d'être habiles en matière de théologie, mais également d'être plus futés. Ces deux mondes – matériel et spirituel – semblent très éloignés l'un de l'autre, pourtant ils ne le sont pas. La capacité à étudier et à connaître un texte biblique se traduit très rapidement par la capacité à comprendre un modèle de développement, à vérifier un contrat ou à juger un client potentiel. De plus, l'énergie – celle qui est positive et joyeuse – est quasiment toujours palpable dans un lieu où l'enseignement est approfondi. En exerçant au maximum nos capacités intellectuelles, nous devenons plus intelligents et plus heureux.

Ainsi, l'apprentissage approfondi peut nous aider dans notre profession, mais il peut également avoir des effets positifs sur nos relations avec les autres. Croyez-le ou non, notre capacité à connaître un texte et à apprécier ses complexités peut renforcer nos relations amoureuses, amicales, professionnelles ou parentales. Mais comment la manière dont nous lisons peut-elle avoir des conséquences sur nos échanges avec les autres ? Pour traiter ces nombreux sujets nous n'avons qu'un seul cerveau et qu'un seul système neuronal. Ainsi, plus nous consolidons nos connexions neuronales par l'apprentissage superficiel d'un seul domaine, plus nous dépendons de celles-ci pour d'autres aspects de notre vie. Aujourd'hui, une personne passe en moyenne sept secondes sur la page d'un site Internet. Nous y jetons un coup d'œil, nous glanons quelques informations, puis nous cliquons sur la page suivante. Ce comportement conduit à un besoin perpétuel de stimulations et de nouveautés. Ce qui se manifeste par une attention de courte durée, de l'ennui et la recherche constante de nouveauté dans d'autres domaines de notre vie, tels que les relations humaines. En d'autres termes, l'incapacité à se plonger de manière profonde dans un texte, et à aller au-delà de son sens superficiel se traduit par l'incapacité à véritablement connaître une personne – ce qui conduit à des relations peu profondes et à un ennui inévitable. En revanche, lorsque nous prenons le temps de lire en détail et de renouer avec un matériau riche, nous trouvons en permanence de nouvelles nuances et variations, notre compréhension se fait ainsi à un niveau toujours plus profond. Une fois que nos « muscles » sont entraînés, nous pouvons les mettre à profit dans nos relations avec les autres et nous impliquer avec plus de profondeur et d'habileté auprès d'eux.

Aucun texte n'est aussi complexe, riche et potentiellement intéressant qu'une autre personne. Celle-ci est presque littéralement un univers entier à elle seule. Vous vous apercevrez qu'il y a toujours quelque chose de nouveau à découvrir chez un individu. Mais, pour cela, nous avons besoin d'entraînement. À la lumière de nos connaissances actuelles sur le fonctionnement de notre cerveau, je pense qu'il est juste de dire que le très haut niveau de désintérêt pour les relations humaines, visible dans la société d'aujourd'hui, est au moins en partie le résultat de notre réticence à mettre nos muscles de l'apprentissage approfondi à l'épreuve.

Le fait que nous ayons un accès très rapide à un contenu aussi vaste – sur nos petits smartphones, nous avons une quantité incroyable d'articles, de messages, de contenus audio, de webinaires, de cours, de chansons, de films et de livres, constamment à portée de main – ne favorise pas l'apprentissage approfondi. Voltaire a écrit : « La multitude de livres nous rend ignorants. » Notons qu'il a vécu au XVIIIe siècle. Aujourd'hui, l'information est produite et diffusée au rythme d'un battement de cils. En 2010, Eric Schmidt, qui était alors P-DG de

Google, a dit que *tous les deux jours* les hommes créent plus d'informations qu'il n'en a été produit entre les origines de la civilisation et 2003. Les gens reçoivent plus de messages en un jour que l'on en recevait dans toute une vie à l'époque où Voltaire écrivait. Pourtant, ses mots étaient prémonitoires. Il décrivait ce phénomène où, lorsque trop de choix, trop de distractions, s'offrent à nous, nous ne parvenons plus à nous concentrer, à réfléchir, à approfondir et à véritablement apprendre.

Un trop grand nombre de possibilités peut nous empêcher de décider sur quoi nous concentrer. C'est ici que le vieil adage prend tout son sens : la qualité est plus importante que la quantité. Si vous avez l'impression d'être aspiré par votre navigation sur Internet, mettez en place des restrictions : limitez-vous à un temps donné et à un certain nombre d'articles. Si vous ne pouvez pas écouter tous les contenus audio de votre liste, il est tout à fait acceptable de vous limiter à un seul. La clé est d'être sélectif et de ne pas vous laisser prendre par la peur de manquer quelque chose. Lorsqu'il s'agit d'apprendre, le moins est l'ami du bien.

L'esprit du débutant

Pour développer votre bien-être intellectuel, je vous encourage vivement à poser vos téléphones (arrêtez de scroller* !) et à prendre un livre. D'ailleurs, je vous invite à plonger longuement dans un ouvrage ambitieux. Depuis plusieurs décennies, Marjorie Garber, professeur

* Faire défiler à l'infini des informations sur les pages des réseaux sociaux. (*N.d.T.*)

d'anglais, lit et enseigne Shakespeare. Pourtant, selon elle, chaque fois qu'elle relit l'une de ses œuvres, elle découvre quelque chose qu'elle n'avait pas totalement compris ou assimilé auparavant. C'est cela que la grande littérature a à nous offrir. Voici donc ce que je vous propose de faire : munissez-vous de ce livre remarquable auquel vous avez toujours voulu vous attaquer – il se trouve peut-être déjà sur votre étagère – et lisez-le. Puis relisez-le. Étudiez-le à un niveau encore plus profond. Personnellement, je suis incapable de compter le nombre de fois que j'ai lu le *Tao te king* de Lao Tseu, *Middlemarch* de Mary Ann Evans* et l'*Éthique à Nicomaque* d'Aristote. Chaque fois que je lis l'un de ces livres, ils ont des effets profonds sur ma vie ; je comprends mieux et apprécie en profondeur l'œuvre, le monde et moi-même. Ces ouvrages intemporels m'offrent un point d'ancrage, notamment lorsque je traverse des moments difficiles.

La curiosité et l'apprentissage approfondi vont de pair car ils nourrissent notre bien-être intellectuel et par extension notre plénitude. En vous plongeant et vous replongeant dans votre livre, essayez de l'aborder chaque fois comme si c'était la première – cet état d'esprit est connu comme étant « l'esprit du débutant ». Il s'agit d'une forme de pleine conscience active souvent associée à la méditation. La caractéristique fondamentale de l'esprit du débutant est la curiosité. Le maître zen Shunryu Suzuki a écrit : « L'esprit du débutant

* En France, cette auteure est plus connue sous son nom de plume : George Eliot. C'est d'ailleurs sous ce nom que ses ouvrages sont publiés. (*N.d.T.*)

contient beaucoup de possibilités, mais celui de l'expert en contient peu[7]. »

La psychologue Ellen Langer, l'une de mes mentors, a étudié pendant des années le moyen d'atteindre cet état de curiosité. Elle nous incite vivement à « relever de nouvelles nuances » – à remarquer de nouveaux éléments que nous n'avions pas perçus auparavant, à observer des détails auxquels nous n'avions peut-être pas prêté attention précédemment, les ayant considérés comme des objets trop familiers[8]. Les recherches de Langer ont montré qu'en cultivant cet état d'esprit, nous favorisions notre bonheur et notre santé, nous consolidions notre confiance en nous ainsi que notre motivation, et nous améliorions notre mémoire, notre apprentissage et notre créativité. C'est cet état d'ouverture et de souplesse intellectuelle qui nous prépare le mieux à surmonter les obstacles et à grandir à la suite d'une épreuve.

Il est évident que la lecture n'est pas le seul moyen d'apprendre. Vous pouvez admirer la beauté de la nature en allant vous promener et véritablement observer ce qu'il y a autour de nous. Ou bien, apprendre à bouger votre corps d'une manière inédite. Pendant le confinement lié au Covid-19, j'ai passé du temps à essayer de maîtriser de nouveaux pas de danse. Croyez-moi, vous ne ratez rien, mais apprendre et solliciter mes muscles cognitifs (en plus de mes muscles physiques), m'a été bénéfique et a contribué à mon bien-être intellectuel (et à la plénitude de mes enfants, qui ont beaucoup ri en me regardant danser – je soupçonne d'ailleurs qu'ils se moquaient surtout de moi). Quel que soit le mode d'expression que vous choisissez d'étudier – un livre, une œuvre d'art, une danse, la nature, ou autre – le plus important pour nourrir votre bien-être intellectuel est votre capacité à vous impliquer de manière profonde.

Apprendre à échouer ou échouer à apprendre

Pendant que vous cultivez votre bien-être intellectuel – que vous vous intéressez avec curiosité aux trésors de la vie –, j'espère que deux autres choses vous arriveront. La première est que vous échouerez plus souvent. Je pense sincèrement que vous n'échouez pas assez. La seconde, que vous vous emparerez de ces revers de fortune. Peu d'entre nous sont conscients de l'importance de l'échec dans la réussite et le bonheur.

Imaginez des parents qui aimeraient si profondément leur bébé qu'ils ne voudraient surtout pas qu'il se fasse mal ; alors ils décident qu'ils ne le laisseront jamais tomber. Chaque fois que l'enfant est prêt à se mettre debout et à faire un pas, ils le prennent immédiatement dans leurs bras. Après tout, ils savent qu'il va faire une chute, peut-être se blesser et pleurer. Quelles sont les conséquences si l'on empêche l'enfant de tomber ? Il n'apprendra jamais à marcher.

Les jeunes enfants n'ont pas peur de l'échec, pour eux, il fait partie de la vie – c'est la raison pour laquelle ils se redressent aussitôt après une chute, qu'ils gribouillent joyeusement en apprenant à écrire leur nom et qu'ils mettent de la nourriture partout sur le sol (et leurs visages) avant d'apprendre à se servir des couverts. Pourtant, en grandissant et en étant plus dans la retenue, nous cherchons à tout prix à éviter l'échec et à préserver une image de perfection, alors nous cessons d'utiliser notre énergie à essayer et à essayer encore.

L'échec est essentiel à l'apprentissage et au développement. Le psychologue Dean Simonton, de l'université de Californie à Davis, a étudié plusieurs très grands artistes et scientifiques de l'histoire, y compris Mozart, Shakespeare, Albert Einstein et Marie Curie. Il a découvert que l'un des points communs à tous ces visionnaires est qu'ils avaient plus souvent échoué que la plupart des gens[9].

Thomas Edison, l'un des inventeurs les plus créatifs et plus productifs de tous les temps, a breveté le nombre incroyable de 1 093 inventions, y compris la lampe à incandescence, le phonographe et la batterie. Alors qu'Edison travaillait sur cette dernière, cherchant à produire de l'énergie à partir d'une pile, un journaliste est venu l'interviewer et l'a interrogé sur la progression de ses recherches. Il avait remarqué qu'Edison travaillait sur ce projet depuis longtemps, alors il lui a suggéré de s'intéresser à une autre invention, puisqu'il avait déjà échoué des centaines de fois. Le scientifique lui a répondu : « Je n'ai pas échoué. J'ai simplement trouvé 10 000 solutions qui ne fonctionnent pas. »

L'une des citations les plus célèbres de Thomas Edison est : « Mon chemin vers la réussite repose sur l'échec. » Alors oui, Thomas Edison mérite évidemment sa place au panthéon des grands inventeurs ; mais il mérite aussi une place d'honneur au panthéon des échecs. Ce n'est pas une coïncidence si les personnes qui réussissent le mieux sont aussi celles qui échouent le plus.

Babe Ruth est connu de la plupart des Américains comme étant l'un des plus grands joueurs de baseball de tous les temps. Il a détenu pendant des décennies le record du plus grand nombre de *home runs** : 714 dans toute sa carrière. Bien qu'il ait été un formidable batteur, ce qui est en revanche moins connu est que, pendant cinq années, Ruth était également le joueur du championnat qui ratait le plus grand nombre de balles. En d'autres termes, tout comme Edison, il était aussi doué pour ses frappes que pour ses coups ratés.

Qu'est-ce que cela signifie pour nous ? Il existe de nombreuses études sur l'importance de l'optimisme, d'accueillir la réussite à bras ouverts. Envisager de nouvelles idées, possibilités et opportunités est essentiel pour grandir. Mais pour être capable de bâtir une vie sur de telles fondations, un autre terme essentiel et semblable à *bien sûr* sera utile : il s'agit de *bientôt*[10]. Bien sûr que je pense pouvoir inventer une nouvelle batterie. J'ai réalisé des milliers d'expériences et je trouverai la solution… bientôt. Bien sûr que je peux créer une entreprise florissante. Elle génèrera de l'argent… bientôt. Bien sûr que je souhaite faire politiquement avancer les choses. Quand je serai élu… bientôt. *Bien sûr* est le mot qui nous permet de commencer quelque chose ; *bientôt* est celui qui nous permet de continuer, encore et toujours. Même si la réussite n'est jamais garantie, *bientôt* est le mot qui nous offre la force de

---

* Au baseball, le *home run* (coup sûr) correspond à une frappe qui envoie la balle en dehors du champ extérieur et entre les deux poteaux de limite du terrain. Le frappeur peut ainsi passer par toutes les bases et marquer le maximum de points.

passer de l'effondrement à la reconstruction, de la fragilité à l'antifragilité.

Selon Theodore Roosevelt :

> « Ce n'est pas le critique qui compte ; ce n'est pas l'individu qui montre comment l'homme fort a fait un faux pas ou comment l'auteur d'actions aurait pu les mieux faire. Le crédit appartient à l'homme qui est descendu de sa personne dans l'arène [...] qui fait erreur, qui échoue et échoue encore, parce qu'il n'est pas d'effort sans accompagnement d'erreurs ou de fautes ; [...] qu'au cas de pleine réussite, connaît à la fin le triomphe de la grande œuvre accomplie, et qui, si le pire arrive et qu'il échoue, du moins échoue au cours d'un vaste effort[11] [...]. »

Le *David* de Michel-Ange

Il y a plusieurs années de cela, je me suis rendu à une exposition londonienne qui présentait des œuvres de Michel-Ange. J'avais déjà pu auparavant admirer la célèbre statue en marbre du *David*, lorsque je suis allé à Florence, en Italie, sa ville de résidence. Debout devant cette silhouette de marbre, j'ai trouvé sa beauté et le génie de Michel-Ange presque palpables. L'exposition de Londres était très différente de celle de Florence ; elle ne présentait pas les œuvres les plus connues de l'artiste, mais mettait en avant les esquisses qui avaient *conduit* à ses chefs-d'œuvre : les croquis qui lui avaient permis de sculpter le *David*.

J'ai en particulier gardé en mémoire les dessins de son bras. Il y en avait quelques dizaines, présentés les uns à la suite des autres. Il m'a semblé que le tout premier était parfait. J'aimerais être capable de dessiner aussi bien. Mais à l'évidence Michel-Ange n'était pas satisfait de cette première version, ni même de la dixième. Il ne se sentait pas encore prêt. Comme il ne pouvait utiliser l'informatique pour accélérer le processus, il a dû esquisser, esquisser encore et encore jusqu'à ce qu'il soit satisfait. Il a fallu à Michel-Ange des dizaines d'essais avant de parvenir à dessiner ce qui deviendrait la base du bras du *David*.

La peur de se tromper

Combien d'entre nous se considèrent comme des perfectionnistes ? Les perfectionnistes sont des personnes très critiques envers elles-mêmes, elles méprisent les erreurs et sont terrifiées à l'idée de ne pas y arriver. Personne n'aime se tromper ou échouer, mais il existe une différence entre ne pas aimer l'échec et en avoir une peur profonde. Dans le premier cas, nous sommes contraints de prendre des précautions et de travailler dur. Alors que le second nous paralyse et nous empêche d'essayer. Or le prix à payer pour cette inertie est extrêmement élevé. Lorsque l'on s'expose et que l'on tente quelque chose, on prend le risque d'échouer ; mais lorsque l'on s'abstient d'essayer, l'échec est garanti. En outre, le revers qui suit parfois une tentative peut être un tremplin, une occasion pour apprendre et grandir. En revanche, la défaite issue d'une absence d'essai est une pierre d'achoppement, elle limite nos chances de progresser.

Lors d'un entretien d'embauche, on demande souvent aux candidats : « Alors, quel est ton principal défaut ? », les intéressés répondent : « Eh bien, ce serait le perfectionnisme. » On nous apprend à faire cette réponse afin de sous-entendre : « Je suis très responsable et fiable. Vous pouvez compter sur moi pour faire correctement mon travail. » Nous pensons que ces qualités sont des forces cachées. Pourtant le perfectionnisme possède un côté sombre – une peur profonde de l'échec qui imprègne chaque parcelle de notre vie. C'est cela que nous devons surmonter.

Le perfectionnisme nous cause du tort dans de nombreux domaines de notre existence. Pour ma part, le prix le plus élevé que j'ai dû payer a concerné mes relations avec les autres. Un perfectionniste n'aime pas se tromper, alors j'étais sur la défensive chaque fois que l'une de mes partenaires ou qu'un ami mettait le doigt sur quelque chose que je considérais être un défaut personnel. Lors de disputes, je pensais systématiquement (et parfois même je l'exprimais) : *Je ne me trompe pas ! C'est toi qui as tort !* Avec le temps, en apprenant à avoir plus de compassion et à accepter mes faiblesses et mes échecs – en m'acceptant simplement comme un être humain – je suis parvenu à davantage m'ouvrir aux autres.

La solution, c'est d'accepter de vous pardonner vos imperfections. Avoir de la compassion pour soi-même est aussi important que d'en avoir pour les autres[12]. En étant prêt à pardonner, vous parvenez mieux à apprendre de vos erreurs et vous prenez de meilleures décisions pour avancer. Même si l'échec est douloureux et même si dévier du droit chemin est parfois bien difficile, il s'agit pourtant d'une part essentielle du processus. En embrassant vos échecs sans juger vos imperfections, en vous pardonnant vos erreurs sans vous punir pour vos faiblesses, vous réussirez mieux et vous serez plus heureux.

L'état d'esprit de développement

Pour combattre la peur de vous tromper, vous pouvez également cultiver un état d'esprit de développement[13]. Il s'agit de croire que l'on est capable de changer. Que cela concerne nos compétences intellectuelles, notre capacité à mettre un panier, à gérer une entreprise ou bien à être en couple, il s'agit de croire que nos aptitudes sont malléables et que nous *pouvons* nous améliorer. À l'inverse, l'état d'esprit fixe consiste à penser que nous sommes nés, ou pas, avec certaines facultés ; nous sommes talentueux ou incapables ; notre couple est véritablement harmonieux ou bien trop endommagé pour être reconstruit. Ce mode de pensée ne permet pas l'évolution.

Comment avoir un état d'esprit tourné vers le développement ? L'une des solutions est de valoriser avant tout le processus et moins l'aboutissement, les efforts plus que le résultat. Il est plus probable que vous ayez un état d'esprit de développement si vous vous concentrez sur les efforts et que vous mettez en valeur le chemin parcouru – y compris les échecs qui l'ont accompagné –, et non si vous vous focalisez uniquement sur les résultats. L'opposition entre ces deux modes de pensée est perceptible dès le plus jeune âge. Ainsi, pour encourager un état d'esprit de développement chez les enfants, nous devons modifier notre façon de les féliciter. Ne soulignez pas l'éclat d'un résultat ni l'exploit d'un aboutissement. Concentrez-vous plutôt sur les efforts. J'ai trois enfants ; avec chacun d'entre eux, je minimise l'importance du résultat. Lorsqu'ils rentrent à la maison avec une bonne note, je ne dis pas : « Je suis très content que tu aies eu un 20 sur 20 » ou bien « Tu es tellement intelligent ! » ; mais je réponds plutôt : « Je suis très heureux que tu aies compris cette leçon. Tu y as passé beaucoup de temps et tu as appris. » Lorsqu'ils rentrent à la maison avec une mauvaise note, je ne me focalise pas sur le résultat, mais sur ce qu'ils ont appris et de quelle manière ils peuvent apprendre davantage. Je souligne leurs efforts et le temps qu'ils ont investi.

En tant que parents, guider par l'exemple est fondamental. Expliquez vos échecs à vos enfants et dites-leur ce que vous en avez appris. Il existe une vidéo incroyable de Benjamin Zander, chef d'orchestre du jeune orchestre philharmonique de Boston, où on le voit enseigner à des adolescents comment jouer du violoncelle. Chaque fois que l'un de ses élèves fait une erreur, il a pour règle de dire : « Fascinant ! » Il met en avant celle-ci parce que chaque faute est une occasion pour apprendre.

La sécurité psychologique

Comment pouvons-nous aider ceux que nous aimons, nos collègues ou d'autres personnes, à apprendre, à grandir et à devenir antifragiles ? Dans une étude, Amy Edmonson, de l'école de commerce de Harvard, a développé le concept de sécurité psychologique[14]. L'idée est de se sentir suffisamment en sécurité pour se dire qu'il est acceptable d'échouer au sein d'un organisme ou d'un groupe. Par exemple, si je fais partie d'une équipe où j'ai le sentiment d'avoir le droit de faire des erreurs, d'admettre qu'il y a des choses que je ne sais pas, et d'avoir la possibilité d'échouer sans avoir peur d'être exclu, alors il y a sécurité psychologique. La plupart des organismes n'offrent pas une telle sécurité, ou bien ils laissent peu de place à l'erreur. Pourtant, les entreprises qui les acceptent davantage sont celles qui ont les employés les plus heureux et les plus efficaces.

Google est aujourd'hui l'un des employeurs les plus convoités dans le monde, car les personnes qui y travaillent sont considérées comme les meilleures. Pourtant, si au sein de cette entreprise il y a des équipes qui sont hautement productives et innovantes, d'autres le sont moins. Il y a peu, Google a réalisé une étude – et s'il y a bien une entreprise qui sait rassembler des données c'est bien celle-ci – pour comprendre ce qui différenciait les meilleures équipes des autres[15]. Ils se sont aperçus que les équipes les plus performantes bénéficiaient d'un niveau de sécurité psychologique élevé. Elles avaient le sentiment d'avoir le droit d'échouer et donc la latitude nécessaire pour expérimenter et innover.

Cela veut-il dire que l'échec est souhaitable à tout prix ? Qu'en tant que responsable et parent, vous devriez faire un chèque en blanc pour l'erreur ? Non, bien sûr. Tout d'abord, les limites à poser sont primordiales quand l'échec est potentiellement dangereux. C'est la raison pour laquelle nous ordonnons à nos enfants de ne pas faire certaines choses, par exemple à ne pas toucher aux prises électriques, pour qu'ils n'essaient pas et n'apprennent pas dans ce contexte par la tentative et l'erreur. Ensuite, l'échec est utile uniquement lorsque nous sommes prêts à apprendre de cette expérience.

Permettez-moi de partager avec vous une courte histoire à propos de James Burke, le légendaire ancien P-DG de Johnson & Johnson[16]. Au début de sa carrière, dans les années cinquante, Burke était un jeune cadre prometteur. Il venait tout juste de lancer une nouvelle gamme de produits pour enfants, mais celle-ci s'avéra être un « échec retentissant ». L'entreprise perdit beaucoup d'argent. À la suite de cette implosion, il fut invité à rencontrer le P-DG, le général Robert Wood Johnson II en personne. En entrant dans le bureau de son supérieur, Burke était persuadé qu'il allait être remercié. À la place, Johnson s'est levé, lui a tendu la main et l'a félicité. Burke était dérouté ; il ne comprenait pas ce qu'il était en train de se passer. Le général lui a finalement expliqué que c'était uniquement en faisant des expériences et des erreurs que l'on apprenait à faire des affaires. Faire des erreurs est très bien, tant que par la suite vous y réfléchissez et appliquez les enseignements que vous en avez tirés.

Non seulement James Burke n'a pas été licencié, mais il est en plus devenu un P-DG de Johnson & Johnson particulièrement reconnu, réputé pour avoir soutenu l'entreprise dans des moments très difficiles et pour avoir contribué à l'incroyable croissance de celle-ci lorsqu'il était à sa tête. L'histoire de Burke prouve l'importance de la sécurité psychologique – faire de la place à l'erreur en laisse aussi pour le développement de l'antifragilité et libère notre capacité d'évolution.

Tout comme la quête du bonheur n'a pas pour objectif d'atteindre une destination finale, mais d'être plus heureux, le bien-être intellectuel n'a pas pour intention d'offrir une réponse définitive – sa véritable valeur réside dans l'exploration, la découverte et l'apprentissage. Très souvent une simple question peut nous lancer dans une quête passionnante.

Le talentueux poète allemand Rainer Maria Rilke s'est reproché et a reproché à ses lecteurs de se concentrer sur la question plutôt que sur la réponse, sur le processus plutôt que sur le résultat. Dans son ouvrage *Lettres à un jeune poète*, il a écrit : « Être patient envers tout ce qu'il y a d'irrésolu dans votre cœur, et d'essayer d'aimer les questions elles-mêmes [...]. Vivez maintenant les questions. Peut-être en viendrez-vous à vivre peu à peu, sans vous en rendre compte, un jour lointain, l'entrée dans la réponse[17]. »

Voici donc ce que je vous incite vivement à faire : soyez patients face à l'incertitude. Posez-vous des questions et puisez dans votre curiosité innée. Intéressez-vous en profondeur à des textes riches ; choisissez un ou deux beaux livres et plongez dedans. Lisez et relisez-les, utilisez votre potentiel à apprendre en profondeur, condition de la réussite et du bonheur dans d'autres domaines. Laissez tomber la perfection et autorisez-vous à trébucher pour vous relever à nouveau.

Apprenez à échouer ou échouez à apprendre. Il n'y a pas d'autre alternative.

BILAN PERSONNEL DE LA SPIRE

Bien-être intellectuel

Réalisez les trois étapes du bilan personnel de la SPIRE, *attribuer*, *décrire* et *prescrire*, en vous concentrant sur votre bien-être intellectuel, et en réfléchissant aux questions suivantes :

Apprenez-vous de nouvelles choses ?
Posez-vous assez de questions ?
Consacrez-vous du temps à un apprentissage approfondi ?
Échouez-vous suffisamment souvent ?

En vous basant sur vos réponses, déterminez votre niveau de bien-être intellectuel, puis *attribuez* une note entre 1 et 10, 1 étant faible ou très peu fréquent et 10 élevé ou très fréquent. Après avoir donné cette note, *décrivez*, par écrit, pourquoi vous vous êtes octroyé ce score. Ensuite, *prescrivez* une solution pour faire évoluer cette note d'un seul point, pour commencer. Il peut par exemple s'agir de vous efforcer de poser plus de questions aux autres et à vous-même, de prendre un livre qui vous tient à cœur et de le relire lentement, de mettre un point d'honneur à faire un peu plus d'erreurs (et lorsque c'est le cas, célébrez-les et félicitez-vous). Faites cette introspection une fois par semaine.

....

4

Bien-être relationnel

L'amitié double les joies et réduit de moitié les peines.

Francis Bacon

Quel est le meilleur indicateur du bonheur ? Cette question sous-jacente accompagne les données récoltées depuis près d'un siècle. Des chercheurs de Harvard se sont lancés dans une étude majeure de longue haleine, qui a débuté à la fin des années trente et qui se poursuit encore aujourd'hui[1]. Ils ont suivi pendant plusieurs générations deux groupes, une importante cohorte* composée d'étudiants et d'habitants d'une ville voisine de l'université. Les chercheurs ont étudié chaque participant pendant une partie de leur vie, utilisant des questionnaires, organisant des entretiens et des évaluations psychologiques, évaluant leurs environnements. Après

* Dans le domaine statistique, il s'agit d'un groupe d'individus considérés collectivement et généralement caractérisés par un même élément ou événement.

quelques décennies et après avoir littéralement collecté plusieurs millions de données, les spécialistes ont examiné cet ensemble à la recherche du composant le plus essentiel d'une vie heureuse.

Qu'ont-ils trouvé ? Devinez ! Ce n'est ni l'argent ou les récompenses, ni la réussite matérielle ou le prestige. Selon cette étude, l'indicateur numéro un du bonheur est la relation humaine – plus particulièrement, les relations sociales intimes sources de soutien. Elles sont ce qui rend les bonnes périodes encore meilleures et ce qui nous permet de nous maintenir à flot dans les moments difficiles. L'élément intéressant de cette découverte est que la personne avec qui vous vous liez n'a pas vraiment d'importance ; pour certains participants il s'agissait de leur conjoint ou de leur meilleur ami, pour d'autres c'était leur famille au sens large ou encore des collègues de travail dont ils étaient proches. Des relations saines n'étaient pas le seul facteur important à leur bonheur, mais il était le plus essentiel.

Dans le cadre de leur étude, les chercheurs se sont posé une autre question : quel est le meilleur indicateur d'une bonne santé ? Notre santé physique dépend bien entendu de nombreux facteurs, mais lequel d'entre eux est le plus important ? Devinez encore ! Les relations humaines. Les liens intimes sont le premier indicateur de santé *et* de bonheur. Leur importance peut vous paraître évidente ; pourtant, il est très facile de les tenir pour acquises et d'oublier de les entretenir ou bien, qu'avec le temps, elles ne soient plus une priorité. Bien que la majorité d'entre nous clamions haut et fort que dans notre vie, ce qui compte le plus, ce sont notre famille ou nos amis, très souvent, les efforts que nous faisons pour cultiver ces liens ne sont pas à la hauteur de nos paroles.

La vision du bonheur dans le reste du monde, nous apporte la preuve de l'importance des relations humaines[2]. En effet, un nombre croissant de pays commencent à prendre en considération le bonheur national brut (BNB) comme un indice permettant de mesurer la santé des citoyens, de la même façon que le produit national brut (PNB) ou le produit intérieur brut (PIB) permettent traditionnellement de mesurer la santé de l'économie. Les Américains ne sont pas les plus heureux au monde, bien que leur pays soit le plus riche de la planète. Il en va de même pour la Chine, le Japon, Singapour, la Corée du Sud, l'Allemagne ou le Royaume-Uni, bien qu'il s'agisse des pays parmi les plus matériellement prospères. Quelle sont donc les régions du monde où les habitants sont les plus heureux ? Les pays dont les indices sont régulièrement les plus élevés sont notamment la Colombie, le Danemark, la Norvège, le Costa Rica, Israël ou encore l'Australie. Pourquoi dans ces zones en particulier, alors que la Colombie ou Israël par exemple, connaissent leur part de difficultés ? Une raison principale : les relations humaines. Dans tous ces pays, les relations et le soutien social, tel que des liens familiaux forts ou la solidarité au sein d'une communauté, sont particulièrement importants. Au Danemark par exemple, 93 % de la population est membre actif d'un club ou d'une association. Ils ont presque tous un lieu où rencontrer des amis et se soutenir les uns les autres. En Israël comme en Colombie, le temps passé en famille est considéré comme très important, voire sacré.

Notre besoin de compagnie est aussi essentiel que celui de boire ou de manger. Je ne dis pas que les relations intimes garantissent une vie sans nuages ou que nos liens les plus forts sont les plus parfaits. Au contraire, ils peuvent apporter leurs lots de difficultés, notamment quand nous sommes si nombreux à passer plus de temps à la maison, à cause de la pandémie. À vivre enfermé sous le même toit, jour après jour avec les mêmes personnes, il y aura inévitablement des frictions. Dans ce chapitre, je vais aborder l'importance des conflits mais je ne vais pas uniquement expliquer comment les surmonter, je vais aussi vous montrer comment il est possible de s'en servir pour devenir plus fort. Nous allons également étudier de quelle manière nous pouvons maintenir des liens d'amitié lorsque nous sommes séparés, comment approfondir nos relations avec les autres dans un contexte de distanciation sociale et alors que l'isolement devient la norme. Même en ces temps troublés, j'espère vous fournir quelques solutions simples, que vous pourrez appliquer pour améliorer vos relations, avec votre conjoint, un membre de votre famille, un collègue ou un ami.

Des relations profondes

Les relations profondes, intenses et intimes ont un rôle essentiel dans notre antifragilité, dans notre capacité à devenir plus forts face aux épreuves. Pourtant, cultiver ces liens dans un monde en quarantaine, confiné et où la distance physique est la règle, est particulièrement compliqué. Lorsque nous désirons entretenir des relations sincères, les échanges virtuels apparaissent bien pâles.

Avant même la crise du coronavirus, nous passions bien trop de temps sur les réseaux sociaux et nous en avons payé le prix fort. Eric Klinenberg, sociologue à l'université de New York, a souligné que : « Plus les interactions sociales virtuelles augmentent [en comparaison des interactions en face à face], plus nous sommes seuls[3]. » Comme vous vous en doutez, la solitude dégrade notre santé et notre bonheur. Elle est notamment associée à la dépression, aux maladies cardiaques et à l'affaiblissement du système immunitaire. Aussi attrayantes que soient les relations virtuelles, nous avons parfois besoin de nous déconnecter pour nous connecter. Comme tant d'autres choses, les réseaux sociaux doivent être consommés avec modération. Il peut paraître très amusant d'y consacrer vingt minutes ; en revanche, y consacrer trois heures de votre journée risque de vous faire sombrer dans la solitude. Essayez d'avoir des moments sans écran et une pièce de la maison sans outil numérique, interdisez tout ordinateur dans le salon où la famille se rassemble, pas de téléphone portable à table, et ainsi de suite.

Il est vital pour les générations futures de réduire l'utilisation des objets numériques. Jean Twenge, professeur à l'université d'État de San Diego, a mené des recherches approfondies sur le niveau de santé mentale des adolescents[4]. Ce qu'elle a découvert est terrifiant. Entre 2012 et 2017, leur niveau de solitude a augmenté de près de 30 %. Les taux de dépression et de suicide ont également crû de plus 30 %. Il a suffi de seulement cinq années pour que ce changement massif et sans précédent se produise. Alors la question est : pourquoi ? Pourquoi les taux de dépression, de solitude et de suicide ont-ils augmenté de façon aussi dramatique et en si peu de temps ? Twenge a étudié toutes les données et a identifié le coupable : la démocratisation des smartphones. Les jeunes participants passaient plus de temps à regarder leur téléphone que la personne qui se trouvait à côté d'eux, plus de temps en ligne qu'avec ceux qui comptent le plus pour eux dans la vraie vie.

C'est à partir des recherches d'Eric Klinenberg sur les adultes et de celles de Jean Twenge sur les adolescents qu'auparavant, lorsqu'on me demandait comment cultiver le bien-être relationnel, ma réponse était simple et sans appel : quittez les réseaux sociaux, sortez et allez rencontrer des gens. Mais ça, c'était avant le Covid-19. Aujourd'hui, les choses ont changé et nombre d'entre nous n'ont plus le luxe de choisir entre les relations virtuelles ou celles en chair en os. Nous sommes confinés chez nous, faisant de notre mieux pour garder nos distances et soumis à un isolement physique. Dans ce nouveau monde, nous devons renoncer à nos anciens privilèges qui ne sont plus utiles et en trouver de nouveaux qui le seront davantage. Nous devons cesser d'opposer le virtuel et le physique et maintenant penser en termes de superficiel et de profond.

Il est *possible* d'avoir des relations profondes même dans une réalité virtuelle. À titre personnel, j'ai été très déçu lorsqu'à l'université Columbia – où j'enseignais quand le coronavirus est apparu –, les cours ont été transférés en ligne. Il m'avait fallu plus d'un mois et plusieurs sessions de deux heures, avant d'avoir le sentiment que mes cours sur la psychologie du bonheur prenaient cette tournure magique que je recherche tant lorsque j'enseigne ; ce moment où les discussions scolaires se transforment en conversations profondes. En passant au virtuel, j'ai eu peur que cette magie soit perdue. Et au début cela fut le cas. Toutefois, et à ma grande surprise, après quelques séances, l'écran a cessé d'être une barrière à l'intimité. Les premiers pas dans ce nouveau territoire virtuel étaient hésitants, mais dès que l'un de mes étudiants s'est jeté à l'eau et a parlé de ce qu'il avait dans la tête et sur le cœur, les autres lui ont apporté leur soutien avant de suivre eux-mêmes son exemple. Nous avons découvert ensemble qu'il était possible d'avoir des relations intimes et profondes en ligne.

Dans un monde qui a perdu tant d'anciens modes de fonctionnement – où les frontières entre la maison et le travail ont disparu, que ce soit en matière de temps ou d'espace –, nous avons besoin d'établir de nouvelles règles. Peut-être que dans cette nouvelle norme, l'une des règles les plus importantes serait de prendre régulièrement le temps d'avoir des conversations profondes, sérieuses et sincères. Dans l'idéal, ces moments devraient avoir lieu en face à face, ensemble sous le même toit ou dans le même restaurant, pour passer du temps et des moments agréables avec les personnes qui nous sont chères et pour qui nous comptons également. Lorsque ce n'est pas possible, nous pouvons utiliser la technologie pour pallier cela et cultiver, où que nous soyons, des relations intenses. Tout comme l'apprentissage approfondi est essentiel au bien-être intellectuel, les conversations profondes sont nécessaires à notre bien-être relationnel. Que vous donniez rendez-vous sur Zoom à un ami ou que vous entendiez simplement sa voix au téléphone, prenez le temps d'avoir des liens authentiques – ouvrez-vous, parlez, écoutez et apportez votre soutien.

Cultiver l'empathie

Depuis l'apparition des réseaux sociaux notre santé mentale n'est pas la seule à avoir été affectée de façon radicale, notre empathie a également été touchée. La psychologue sociale Sara Konrath a établi une comparaison du niveau d'empathie entre les différentes générations, et elle a découvert que chez les jeunes de 20 ans ce niveau a baissé de 40 % par rapport à ce qu'il était chez les personnes du même âge il y a vingt ans[5]. Une étude similaire, conduite au Royaume-Uni, a montré qu'au cours des vingt dernières années, les comportements antisociaux ont doublé chez les lycéens. En d'autres termes, la compassion a considérablement chuté, alors que le harcèlement est en hausse.

L'empathie – c'est-à-dire, la capacité à comprendre et à s'identifier aux émotions des autres – est un sentiment moral. Elle est ce qui nous lie les uns aux autres. Ainsi, lorsque cette capacité décroît, nous, en tant que société, rencontrons des problèmes[6]. Pourquoi le niveau d'empathie a-t-il baissé ? L'une des principales raisons est la diminution des échanges authentiques et profonds entre les gens.

À la suite de ce déclin, des voix se sont élevées pour réclamer des cours d'empathie à l'école ; bien que cette idée soit un premier pas dans la bonne direction, cela seul ne suffira pas. Disons que j'ai envie d'apprendre à parler le vietnamien, je prends des leçons. Il est évident que je vais y apprendre à parler cette langue ; toutefois, mes progrès seraient plus spectaculaires si je me rendais au Viêtnam et que je m'immergeais dans la culture. Il en va de même pour l'empathie. En lisant ou en assistant à des cours, il est possible d'apprendre l'importance de se mettre à la place des autres. Je pourrais lire *La Théorie des sentiments moraux* d'Adam Smith, ou suivre un enseignement sur les fondements éthiques de l'ubuntu. Mais la méthode la plus efficace serait de m'immerger dans un lieu qui « évoque » l'empathie. C'est-à-dire, n'importe quel endroit où je peux communiquer en personne avec d'autres individus. C'est uniquement à travers ces relations directes que nous pouvons véritablement ressentir ce qu'une autre personne vit ou éprouve. C'est en riant avec elle, en pleurant ensemble. C'est en risquant de faire quelque chose de travers, de faire du mal à quelqu'un et par conséquent d'être affecté par sa réaction. C'est ainsi que l'empathie se forme. Dans l'idéal, elle se développe lorsque les enfants jouent côte à côte, ou lorsque nous nous asseyons tous ensemble à l'école ou au travail, sans l'intermédiaire d'un écran. Mais, si nous n'avons pas d'autres choix, alors nous devons – et pouvons – le faire de manière virtuelle.

L'un des bons côtés du confinement est que cela m'a appris à estimer à leur juste valeur les relations que j'entretiens avec ma famille et mes amis, et à apprécier le temps passé avec eux. Je pense d'ailleurs que nous sommes nombreux à ressentir la même chose. Espérons que cette prise de conscience se traduira par davantage de temps passé ensemble lors de réunions privées, quand elles seront de nouveau possibles. Notre empathie, notre gentillesse et notre compassion se développent lorsque nous interagissons étroitement avec les autres, que ce soit avec des êtres chers ou des inconnus que nous venons de rencontrer. C'est aussi de cette manière que nous faisons croître notre bien-être physique et mental. Nous adoptons ainsi un comportement plus éthique et généreux, nous sommes en meilleure santé et plus heureux.

Le pouvoir de la générosité

En ces temps où nous sommes plus isolés que jamais, comment pouvons-nous consolider de manière significative nos relations avec les autres ? Quelle que soit votre situation, l'une des meilleures façons d'avoir plus d'empathie et d'alléger votre sentiment de solitude est de faire preuve de générosité.

Dans une étude conjointe de l'université de Colombie-Britannique et de l'école de commerce de Harvard, des chercheurs ont démontré le pouvoir de la générosité[7]. Dans la première partie de leur étude, ils ont fait appel à un groupe de personnes pour évaluer leur niveau de bien-être. Puis ils leur ont donné une certaine somme d'argent et leur ont dit de la dépenser pour leur propre plaisir. Les sujets sont donc allés faire quelques folles emplettes. Après quoi, les chercheurs ont de nouveau mesuré leur niveau de bien-être. Selon vous, qu'ont-ils trouvé ?

À la suite de leurs achats, les participants étaient considérablement plus heureux. L'étude s'est poursuivie et, un jour plus tard, les chercheurs ont fait revenir les participants au laboratoire, où ils ont encore une fois évalué leur niveau de bien-être. Selon vous, qu'ont-ils découvert à ce moment-là ? Vingt-quatre heures plus tard, les participants étaient aussi heureux qu'avant le début de l'expérience. En d'autres termes, les sujets ont ressenti un pic de joie à la suite de leurs achats, mais ils sont très rapidement revenus à leur état initial. La conclusion de ces recherches serait donc que nous devrions faire les magasins tous les jours ? Non, pas exactement.

Dans la seconde partie de leur étude, les chercheurs ont fait appel à un nouveau groupe de personnes, sélectionnées de façon aléatoire, et ils ont évalué leur niveau de bien-être. Ils leur ont donné la même somme d'argent et leur ont demandé d'aller la dépenser pour quelqu'un d'autre. Les participants sont ensuite revenus au laboratoire, où leur bonheur a de nouveau été mesuré. Le niveau avait autant augmenté que celui des participants du premier groupe. Le lendemain, les chercheurs ont une fois de plus pris les mesures. Qu'ont-ils découvert ? Bien que le degré de bonheur eût un peu faibli, il était tout de même beaucoup plus haut que le niveau initial. Cela signifie donc que les effets bénéfiques de la générosité perdurent encore trois jours après qu'ils se sont produits.

En donnant aux autres, nous donnons aussi à nous-mêmes. Un très grand nombre d'études montrent que le don est l'un des meilleurs moyens d'être non seulement plus heureux, mais également d'avoir plus confiance en soi. Il peut nous mener de l'inertie à l'obligeance et par conséquent, du désespoir à l'optimisme. La différence entre la tristesse et la dépression est que la seconde s'apparente à la première, l'espoir en moins. Or, donner fait naître l'espoir. Dès que votre optimisme revient, vous êtes de nouveau plus capable, plus heureux et finalement vous réussissez mieux.

L'anglais est ma langue d'adoption ; ma langue maternelle est l'hébreu. Mon mot hébreu préféré est le verbe donner, *natan* (נ ת נ). Que remarquez-vous d'inhabituel en observant ce mot en hébreu ou bien en alphabet latin ? Il s'agit d'un palindrome. Il est symétrique, il peut être lu de droite à gauche ou de gauche à droite. Ce n'est certainement pas une coïncidence. Les langues anciennes sont pourvues de beaucoup de sagesse ; or, dans le cas du mot *natan*, les recherches ont clairement montré que lorsque nous donnons, nous recevons, souvent même plus. L'une des meilleures façons de cultiver des relations solides et intimes est d'entretenir ces liens avec l'état d'esprit et l'orientation du cœur d'une personne généreuse.

Que faut-il donner ? N'importe quoi. À seulement 13 ans, Anne Frank a écrit dans son journal : « Vous pouvez toujours, toujours donner quelque chose, même si c'est seulement la gentillesse. » Lorsque nous effectuons spontanément une corvée pour notre conjoint ou lorsque nous surprenons un ami, nous donnons. Écouter activement nos enfants est aussi un acte de générosité, tout comme le fait de partager des informations avec un collègue. Comme nous le verrons dans le chapitre 5, l'une des démarches qui produit le plus de bonheur est celle de rédiger une lettre de gratitude. Écrire ce type de lettre à une autre personne, pour exprimer votre reconnaissance envers elle, est une façon de donner. Vous faites preuve de gentillesse, de générosité. Lorsque nous donnons, nous ne faisons pas uniquement croître le bonheur des autres, le nôtre s'en trouve également décuplé.

« Count That Day Lost* »

L'auteure du XIXe siècle Mary Ann Evans, dont le nom de plume est George Eliot, a écrit un très grand nombre de magnifiques ouvrages – *Middlemarch* est sans doute le plus connu –, y compris de très beaux poèmes. Voici l'un d'entre eux, « Count That Day Lost », qui aborde l'importance du don.

If you sit down at set of sun
And count the acts that you have done
And, counting, find
One self-denying deed, one word
That eased the heart of him who heard,
One glance most kind
That fell like sunshine where it went –
Then you may count that day well spent.
But if, through all the livelong day
You've cheered no heart, by yea or nay –
If, through it all

* Poème non traduit en français. (*N.d.T.*)

You've nothing done that you can trace
That brought the sunshine to one face –
No act most small
That helped some soul and nothing cost –
Then count that day as worse than lost.

Selon Mary Ann Evans, une journée où l'on a illuminé celle d'une autre personne, où l'on a fait preuve de gentillesse, de générosité et d'amour, est « une bonne journée ». En revanche, si nous passons cette journée sans avoir eu d'effets positifs sur la vie des autres, alors celle-ci est « pire que perdue ». Imaginez à présent que le don soit l'unité de mesure avec laquelle nous évaluions nos vies. Si nous jaugions notre humeur en fonction de notre générosité et de notre gentillesse, ainsi que de notre capacité à répandre la joie, alors ce monde serait bien meilleur. Non seulement pour ceux qui bénéficieraient de nos bonnes actions, mais également pour nous-mêmes.

Soyez, aussi, généreux envers vous-même

Devons-nous donner, donner et encore donner, sans relâche ? Si vous êtes le genre de personne qui se précipite pour prendre soin de tous ceux qui gravitent autour de vous, alors que vous n'avez déjà plus beaucoup d'énergie et que vous êtes proche de la rupture, sachez qu'il est possible de trop donner de soi-même. Le psychologue Adam Grant, professeur à l'université de Pennsylvanie, a mené des recherches sur les différentes approches que les gens ont de leur travail. Avec ses confrères, il a identifié trois principaux groupes :

les donneurs, les preneurs et les conciliateurs[8]. Comme leur nom le suggère, les donneurs sont ceux qui donnent gratuitement de leur temps, de leur énergie et de leurs connaissances. Ce sont d'aimables employés, des collaborateurs utiles. Puis il y a les preneurs. Ce que les donneurs offrent, les preneurs le prennent volontiers – tout doit généralement tourner autour d'eux. Enfin, il y a les conciliateurs. Leur philosophie est celle de la contrepartie, ils donnent aux autres exactement ce qu'ils pensent avoir reçu, et ils ne souhaitent pas voir quelqu'un obtenir plus que ce qu'il « mérite ».

D'un point de vue managérial, avoir des donneurs dans votre équipe est une bonne chose. Vous voudrez avoir des personnes qui sont généreuses, qui transmettent leurs connaissances, qui aident les autres, qui sont présentes pour l'équipe et qui tiennent à leur entreprise. Malgré tout, même si une société tire profit de ce type d'employés, qu'est-ce que cela signifie pour les individus eux-mêmes ? Si vous souhaitez réussir sur la durée, est-il préférable d'être un donneur, un preneur ou un conciliateur ? Est-ce que votre générosité vous permettra à coup sûr de réussir ? Ou alors, si tout ce qui vous importe c'est la réussite, prendre n'est-il pas le meilleur comportement à adopter ?

Ces questions sont celles qu'Adam Grant et ses confrères se sont posées. Ils sont parvenus à regrouper les employés selon trois niveaux de performance : haute, moyenne, basse. Laquelle de ces catégories avait tendance à avoir les meilleurs résultats ? Les individus qui réussissaient généralement le mieux et de façon disproportionnée étaient les donneurs. Qui avait des performances moyennes ? Les preneurs et les conciliateurs. Enfin, qui restait-il ? Qui avait les moins bons résultats ? Les donneurs ! C'est avec étonnement qu'ils ont découvert que, comparés aux preneurs et aux conciliateurs, les donneurs avaient généralement les meilleures et les moins bonnes performances.

Comment distinguer les donneurs qui ont les meilleurs résultats de ceux qui ont les moins bons ? La différence réside dans le fait que les plus performants *donnent aussi à eux-mêmes*. Alors que le groupe ayant le moins de réussite a tendance à s'oublier, donnant jusqu'à l'épuisement, sans prendre le temps de répondre à leurs propres besoins. Or, pour continuer à bien se porter, ils doivent également penser à s'aider eux-mêmes. Cette découverte fait écho aux consignes de sécurité que nous entendons généralement à bord des avions : une fois votre masque à oxygène ajusté, il vous est possible d'aider d'autres personnes.

Le dalaï-lama exprime une idée similaire : « Prendre soin des autres uniquement par le sacrifice de soi ne dure pas. Prendre soin des autres doit également vous nourrir[9]. » Pour la plupart des Occidentaux, ce mode de pensée n'est pas sans intérêt. Dans son livre *Surmonter les émotions destructrices*, Daniel Goleman décrit l'étonnement le plus complet du dalaï-lama en découvrant qu'un si grand nombre d'Occidentaux avaient perdu confiance en eux. Comment se fait-il que les gens ne s'aiment pas ? Le guide spirituel a suggéré que l'une des raisons pour lesquelles les choses sont différentes au Tibet est que là-bas, les habitants connaissent la compassion. Or, les mots créent les univers et notre façon d'interpréter certains concepts – qui sont la plupart du temps des produits de notre culture et de notre environnement – est cruciale et explique souvent certaines racines profondes et certaines tendances psychologiques subconscientes.

Pourquoi la compassion est-elle si importante ? Si je demandais à des Occidentaux de définir ce terme, la plupart répondraient probablement qu'il signifie avoir de l'empathie pour les autres, prendre soin d'eux. Le dalaï-lama explique qu'en tibétain le mot compassion se dit *tsewa*, qui se traduit par *compassion envers soi-même et les autres*[10]. Vous noterez que *soi-même* vient en premier et que les *autres* viennent ensuite. Imaginez une série de cercles concentriques dont vous seriez le centre. Vous commencez par avoir de la compassion envers vous-même, vous étendez ensuite celle-ci aux personnes qui vous sont proches, puis aux autres et enfin au reste du monde ; mais cela commence toujours par vous. Dans ce cercle, symbole de la vie, nous sommes tous liés par un réseau de compassion. Dans la pensée traditionnelle orientale (par opposition à celle de l'Occident), il n'y a pas de séparation entre soi et les autres.

Dans la pensée traditionnelle occidentale il existe une différence de famille entre les mots égoïsme et altruisme. Les synonymes d'*égoïste* sont *méchant*, *peu généreux*, *narcissique*, ou encore *cupide*. En revanche, ceux du mot *altruiste* sont *noble*, *généreux*, *aimant*, et *charitable*. Dès notre plus jeune âge, lorsque nous apprenons le langage, on nous explique qu'il n'est pas moral de penser à soi (ce qui inclut avoir de la compassion envers soi-même). Ce n'est pourtant pas totalement juste – pourquoi serai-je moins important que *les autres* ? – ni viable. En effet, ceux qui ne prennent pas soin de leurs propres besoins risquent finalement de ne plus rien avoir à donner à eux-mêmes ni aux autres. Au lieu de percevoir ce que l'on donne aux autres comme de l'altruisme et ce que l'on se donne comme de l'égoïsme, nous pourrions envisager ce qui est donné de manière saine comme de *l'égo-altruisme*, un concept qui signifie prendre soin des autres et de soi-même.

Quelle forme pourrait prendre l'égo-altruisme ? Si un collègue venait me demander de l'aide pour son projet, je pourrais simplement lui répondre : « Je serai ravi de t'aider mais avant je dois terminer ce que je suis en train de faire. » À la maison, je peux dire : « Les enfants, je jouerai avec vous dès que j'aurai terminé de m'entraîner » ou bien « Chérie, je serai disponible pour toi demain, mais pour le moment j'ai simplement besoin de temps pour moi ». Et c'est normal ! Prendre soin de votre personne ne fait pas de vous quelqu'un de mauvais. Au contraire, sur la durée nous serons plus en mesure d'aider et de participer, d'être gentils et généreux avec les autres, si nous prêtons également attention à nos besoins. Selon Hillel l'Ancien, l'un des plus grands sages juifs qui vécut il y a plus de deux mille ans : « Si je ne suis pas moi-même, qui le sera pour moi ? Et si je ne vis pas pour moi-même, qui vivra pour moi ? Et si ce n'est pas maintenant, alors quand ? » Aujourd'hui plus que jamais, notre monde a besoin de personnes égo-altruistes.

Construire la résilience des enfants

Dans les périodes agitées, les parents ont le sentiment qu'il est de leur devoir d'offrir à leurs enfants un modèle parfait, qu'ils doivent toujours être des piliers solides sur lesquels ceux-ci pourront s'appuyer. Ils se disent : *Ce n'est pas le moment d'être faible* ; *Je dois être fort pour les enfants.* Alors que faire lorsque nous traversons une crise et que nous nous sentons diminués, anxieux, frustrés, tristes ou en colère ? Comment gérer nos émotions devant nos enfants quand nous savons que notre détresse pourrait s'ajouter à la leur ?

Tout d'abord, nous devons garder à l'esprit qu'il n'est pas inapproprié de laisser voir aux enfants que l'on est en train d'affronter des difficultés, même si cela s'ajoute aux leurs. En tant que parents, notre première impulsion est de les protéger, de cacher notre agitation émotionnelle plutôt que de la montrer. Pourtant, voir leurs parents ressentir de la tristesse, de l'anxiété ou de la colère est utile au développement sain de l'enfant – de façon modérée. De manière plus générale, nous devons accepter qu'être un modèle parfait pour nos enfants est non seulement impossible, mais aussi peu souhaitable.

Il y a près de soixante-dix ans, Donald Winnicott, un psychologue britannique pour enfants, a développé l'un des concepts les plus importants sur la parentalité, celui de « la mère suffisamment bonne[11] ». De quoi s'agit-il ? Winnicott reconnaît que de nombreux parents souhaitent être des soutiens parfaits, toujours attentifs. Lorsque l'enfant pleure, le parent lui offre immédiatement du réconfort ; lorsqu'il rencontre une difficulté, le parent est là, prêt à l'aider. Winnicott explique que ce n'est pas ce dont les enfants ont besoin. Ce qu'il leur faut, ce sont *des parents suffisamment bons*. Si ces derniers ne sont pas 100 % attentifs aux besoins de leurs enfants, parce qu'ils sont occupés, fâchés, en train de travailler ou qu'ils ont besoin d'être un peu seuls, ce n'est pas grave. Grâce à ce manque d'attention, l'enfant apprend à se réguler ; en revanche, lorsque les parents sont toujours disponibles, les enfants n'apprennent pas à gérer seuls les difficultés. Or, notre but ultime est d'apprendre à nos progénitures à être indépendantes. Après tout, nous ne pourrons pas être auprès d'eux tout au long de leur vie. Dès leur naissance, les enfants doivent pouvoir apprendre par eux-mêmes. Un parent suffisamment bon sera plus proche des besoins de l'enfant qu'un parent soi-disant parfait.

Être « suffisamment bon » signifie également qu'il est tout à fait acceptable que votre enfant se rende parfois compte que vous êtes contrarié. Il est même préférable que vous lui expliquiez ce qu'il se passe ; vous pouvez le prendre dans vos bras pour qu'il se sente en sécurité et lui dire : « Je suis contrarié » ou bien « Je suis simplement fatigué ». Tout en exprimant que tout ne va pas bien, vous pouvez lui donner de l'amour et de l'attention. D'ailleurs, vous entendre prononcer ces mots peut libérer vos enfants, parce que eux aussi, parfois, ressentent ces choses. En vous autorisant à être humain, vous leur donnez la permission de l'être aussi.

S'ils vous voient perdre votre sang-froid, ce n'est pas la fin du monde. Ils verront également, par la suite, que vous vous sentez mieux, ce qui les rassurera. Si dans cet état émotionnel particulier vous leur avez dit des choses que vous n'auriez pas dû ou que vous regrettez, vous pouvez vous excuser. Les enfants n'ont pas besoin d'avoir des modèles parfaits, ils ont besoin d'êtres humains suffisamment bons. L'une des plus belles choses avec la parentalité, c'est que vous ne vous contentez pas d'apprendre à vos enfants, vous grandissez avec eux. Un parent qui apprend est le meilleur modèle qu'un enfant puisse avoir.

De manière tout à fait compréhensible, nous avons été nombreux à nous inquiéter des effets de la pandémie sur nos progénitures. En effet, l'un des plus importants défis que nous rencontrons – et lorsque je dis *nous*, je parle des parents qui vivent dans les pays riches et développés et non des parents de manière générale –, est qu'en voulant trop les protéger et aussi parce que nous en avons eu la possibilité, nous avons rendu la vie de nos enfants trop facile. Il est normal de vouloir leur offrir ce qu'il y a de meilleur. Mais les recherches de Suniya Luthar, à l'université de Columbia, montrent que de nombreux jeunes issus de bonnes familles, pris dans le piège du luxe, souffrent à présent de détresses psychologiques, marquées par l'anxiété, la dépression ou l'abus de certaines substances[12]. Vivre, c'est apprendre à affronter les imprévus. Bien qu'à court terme, il ne soit pas agréable et parfois même douloureux de faire face aux obstacles, ceux-ci peuvent s'avérer salutaires.

Permettez-moi de vous raconter une expérience personnelle et qui a poussé cette idée au premier plan de ma vie. Lorsque David, mon fils aîné, avait 3 ans, son jouet préféré était une petite figurine de Superman. Il jouait avec toute la journée et la posait à côté de son oreiller avant de s'endormir. Un jour, après être allés le chercher à la crèche avec mon épouse, nous sommes rentrés à la maison – nous vivions au dixième étage d'un immeuble résidentiel. Nous sommes montés dans l'ascenseur. Avec ma femme nous discutions pendant que David parlait à son petit Superman. Les portes se sont ouvertes à notre étage et au moment de sortir de l'ascenseur David a accidentellement laissé échapper son jouet. Ce Superman-là ne volait pas du tout. Ce Superman-là est directement tombé dans l'interstice situé entre les portes et le long de la gaine de l'ascenseur. Disparu. Ni maman ni papa ne pouvait le récupérer.

David s'est mis à crier. Alors que nous le prenions dans nos bras pour le consoler, j'allais ouvrir la bouche, mais comme souvent, ma femme a su ce que j'allais dire avant que je ne le dise, et elle m'a arrêté. Je m'apprêtais à le rassurer : « David, ne t'inquiète pas. Nous irons acheter un autre Superman. Nous pouvons t'en acheter des centaines. » Nous sommes rentrés chez nous et David a couru vers sa chambre en pleurant. J'ai alors demandé à mon épouse :

« Pourquoi est-ce que tu m'as arrêté ? Tu entends comme il pleure ! »

Elle m'a répondu :

« Tal, ne prive pas David de l'occasion d'apprendre à faire face à l'épreuve. »

Ne prive pas David de l'occasion d'apprendre à faire face à l'épreuve – il s'agit de l'une des leçons les plus importantes que j'ai apprises sur la parentalité. Elle avait entièrement raison : c'est ainsi que les enfants (et les adultes) apprennent à être résilients, à avoir des ressources et à être créatifs. C'est de cette façon qu'ils apprennent à être flexibles, ou plus précisément, à être fluides. Le *Tao te king* explique que, pour de nombreuses raisons, pour l'être humain, l'idéal est de se comporter comme de l'eau. Notamment parce que celle-ci circule. Lao Tseu écrit d'ailleurs : « Ce qui est souple est robuste. »

Si nous programmons notre équipement sportif sur le mode le plus facile pour avoir une faible résistance, voire aucune, notre entraînement ne demandera pas d'effort et nous ne deviendrons pas plus forts. Nous n'acquerrons aucune antifragilité. À l'inverse, si la difficulté est trop importante, nous pouvons nous faire mal et nous blesser. En revanche, si nous acceptons que la séance soit parfois difficile, mais avec modération et suivie d'un temps de repos, alors les résultats seront bénéfiques. Dans la vie, il en va de même. Or, en tant que parents, nous sommes nombreux à voler bien trop vite au secours de nos enfants. Maria Montessori, l'une des plus grandes pédagogues de l'histoire, soulignait dans ses cours que nous ne devions pas faire à la place de l'enfant ce qu'il était capable d'accomplir par lui-même[13]. Bien entendu, cela ne signifie pas que nous ne devons rien faire pour les aider ; lorsque les enfants ne sont pas capables d'accomplir seuls une tâche, les parents doivent être là pour eux. Mais nous devons limiter autant que possible l'aide que nous leur proposons et leur permettre de faire les choses par eux-mêmes.

Clayton Christensen, enseignant à l'école de commerce de Harvard, a délivré le message suivant à ses étudiants : « Les défis que vos enfants vont rencontrer ont un objectif important. Ils les aideront à affiner et à développer les compétences dont ils auront besoin pour réussir tout au long de leur vie. S'accommoder d'un enseignant difficile, échouer dans un sport, apprendre à s'intégrer à la structure du groupe social complexe de l'école sont autant de situations qui deviennent des apprentissages de l'école de la vie[14]. » Nous pourrions aujourd'hui ajouter s'accommoder de l'enseignement à distance, des distanciations sociales et de l'annulation des activités qu'ils attendaient avec impatience. Les enfants apprennent des défis qu'ils rencontrent, ils acquièrent de l'expérience en surmontant, dès le plus jeune âge, des difficultés, ce qui leur permet en grandissant de gérer avec plus de facilité les problèmes et de devenir des modèles pour les autres.

Amour et conflit

Dans toute relation, les conflits sont inévitables, et dans les périodes stressantes, ils sont encore plus fréquents qu'en temps normal. Il n'est pas facile de vivre avec la même personne dans un petit appartement ou avec les quelques mêmes individus dans une maison, pendant de longues périodes. D'un autre côté, ces difficultés peuvent également être de réelles opportunités.

Car les conflits sont importants, voire nécessaires, pour que l'amour grandisse.

En 1841, Ralph Waldo Emerson a publié un essai sur l'amitié. Il y écrit que chez un ami nous ne devrions pas rechercher « une bouillie de concession » – c'est-à-dire, une personne qui serait d'accord avec tout ce que l'on dit. Au contraire : « Faites de lui pour toujours une sorte de bel ennemi, indomptable, pieusement vénéré, et non un vulgaire avantage que l'on veut rapidement écarter puis abandonner[15]. » J'aime beaucoup l'expression *bel ennemi*. Elle caractérise une personne qui vous met au défi et qui, selon Emerson, vous pousse, vous aide à « l'apprentissage de la vérité ». En compagnie d'un bel ennemi les choses sont parfois difficiles, mais les possibilités de grandir toujours présentes. Il n'est pas « un vulgaire avantage », mais un atout important ; votre relation n'est pas d'une facilité engourdissante, mais vous offre l'occasion de conflits qui vous nourrissent.

Cette notion du bel ennemi apparaît déjà dans le premier livre de la Bible, la Genèse, où Dieu dit : « Il n'est pas bon que l'homme soit seul ; je lui ferai une aide semblable à lui. » « Semblable » est la traduction du mot hébreu *ezer k'enegdo*, qui signifie littéralement « aider par opposition ». En d'autres termes, Dieu a voulu créer un partenaire qui nous met au défi d'évoluer. Apprenez à regarder votre conjoint comme un bel ennemi, un émule, qui peut vous aider à appréhender les conflits au sein de votre relation sous un autre angle, à ne plus voir la discorde comme une chose sombre et dangereuse à éviter à tout prix. Mais plutôt à voir le conflit comme une précieuse occasion d'évolution personnelle et interpersonnelle.

Le Dr David Schnarch, auteur de *Passionate Marriage** – un ouvrage qui a changé ma vie de façon radicale –, souligne le rôle essentiel des conflits dans l'évolution de toute relation réussie. Il explique que, quelle que soit sa qualité, tout couple finit par rencontrer des blocages. Un blocage est un conflit particulièrement intense. Il ne ressemble pas aux petites disputes fréquentes où l'on se querelle, pour rapidement se réconcilier sur l'oreiller afin que tout redevienne comme avant. Un blocage est un désaccord fondamental qui concerne nos valeurs les plus profondes, que nous découvrons être aux antipodes de celles, tout aussi fermement ancrées, de notre conjoint. Généralement, les couples qui sont en phase de lune de miel ne rencontrent aucun blocage. Mais après environ trois ans de relation, ils y parviennent invariablement, sur des sujets qui tournent en général autour de quatre thèmes :

1. **Les enfants.** Quelle méthode disciplinaire devons-nous adopter ? Devons-nous être indulgents ou plus sévères ? Quelles limites devons-nous établir ? Quelle éducation donner à nos enfants ? Quel rôle la religion doit-elle jouer dans leur éducation ?

2. **L'argent.** Comment devrions-nous dépenser notre argent ? Est-ce le bon moment pour réaliser un achat aussi important ? Est-ce que l'un des partenaires a le

* Ouvrage non traduit en français. (*N.d.T.*)

sentiment que son conjoint dépense trop, ou qu'il ne participe pas suffisamment aux dépenses du quotidien ? Pouvons-nous nous permettre d'acheter cela ? Mettons-nous assez d'argent de côté ?

3. La sexualité. À quelle fréquence avons-nous des rapports sexuels ? Est-ce que l'un des partenaires pense que cela est trop ou pas assez ? Quel genre de sexualité pratiquer ? Notre sexualité est-elle trop débridée ou trop conventionnelle ? Devrions-nous avoir une relation plus ouverte ou rester exclusifs, essayer le polyamour ou nous en tenir à la monogamie ?

4. La belle-famille. Devrions-nous inviter une fois par semaine nos belles-familles ? Ou ne jamais les inviter ? Quelle place doivent prendre nos belles-familles dans nos décisions de couple ? À quelle fréquence devrions-nous assister aux réunions de famille ? Toute les semaines ? Jamais ?

Lorsque nous rencontrons un obstacle, trois choses peuvent se produire. La première issue, la plus fréquente, est la rupture, la séparation ou le divorce. Aux États-Unis, entre 40 et 50 % des mariages se terminent en divorce*. *Je pensais que nous étions faits l'un pour l'autre, mais si nous sommes en désaccord sur une chose qui est aussi importante pour moi, alors de toute évidence nous ne le sommes pas.* C'est la raison pour laquelle le taux de divortialité culmine entre la

* Selon l'Ined (Institut national d'études démographiques), en France, ce pourcentage est d'environ 45 %. (*N.d.T.*)

quatrième et la septième année de mariage ; les couples rencontrent leurs premiers blocages et pensent généralement que leurs différences sont incompatibles.

À la suite de l'apparition d'un blocage, la deuxième chose que vous pouvez faire c'est de rester d'une certaine façon ensemble, mais pas entièrement. Ce qui veut dire que vous choisissez de rester en couple pour de nombreuses raisons extérieures – telles que l'habitude, la religion, les enfants ou l'argent. En revanche, sur le plan affectif vous êtes séparés.

La troisième option est d'utiliser ce blocage pour avancer ensemble. Vous vous querellez, vous n'êtes pas d'accord, vous vous affrontez. Puis, après un temps – ce peut être après une semaine, un mois, voire six mois –, vous en ressortez grandis, de manière individuelle et en tant que couple. Comment en arriver à cette option numéro trois, l'option antifragile et affronter avec succès un blocage ? Pour commencer, vous luttez. Ensuite, pendant que vous luttez, vous continuez à maintenir votre position au lieu d'accepter celle de l'autre, vous exprimez avec respect vos besoins et vos attentes, plutôt que de les refouler. Enfin, tout en conservant votre point de vue, vous préservez votre couple en ne prenant aucune décision et en cherchant à comprendre les besoins et les attentes de votre partenaire. La clé n'est pas de vous réconforter l'un l'autre, d'approuver et de rechercher l'approbation à tout prix, mais plutôt « de savoir et de faire savoir ». C'est en apprenant à vous connaître – vos faiblesses et vos forces, vos peurs et vos fantasmes – que l'intimité se forge. Or, c'est dans l'intimité que naissent l'amour, la passion et la compassion.

Faire, avec sincérité, tout son possible pour savoir et faire savoir signifie prendre un risque. Imaginez que vous avez eu un différend avec un membre de votre belle-famille, et, bien que vous n'ayez aucune envie d'en discuter avec votre partenaire, parce que vous savez à quel point il est attaché à son parent, vous vous sentez tout de même blessé. Finalement, vous lui en parlez avec le plus d'empathie possible. Peut-être que cela conduira à un conflit douloureux, mais faire le contraire vous garantit de ne pas être heureux. Au début d'une relation, vous pouvez choisir d'éviter les sujets qui vous mettent mal à l'aise ; l'excitation de la nouveauté vous nourrit. Après un certain temps, cela ne suffit plus et cacher ces sujets sous le tapis ne résout rien. Au contraire, en laissant vos problèmes se gangréner, vous finirez par vous séparer et votre couple par se désagréger.

Tous les blocages ne peuvent pas être résolus et conduire à une relation plus profonde. Certaines personnes ont parfois des opinions bien trop éloignées et ne sont tout simplement pas faites pour être ensemble – et c'est normal. Néanmoins, dans la plupart des cas, les blocages représentent une occasion essentielle d'apprendre sur nous afin de devenir une meilleure personne, et sur notre couple pour le faire évoluer. En communiquant ouvertement et avec la réelle intention de faire fonctionner notre relation, nous trouvons en général des solutions et nous parvenons à surmonter les blocages – l'un des partenaires finit par convaincre l'autre, vous trouvez un compromis ou, avec un peu de créativité, vous aboutissez à une solution pour que chacun de vous y trouve son compte.

Faire face à des conflits, que ce soit des désaccords mineurs ou des blocages intenses, aide à la construction du système immunitaire d'une relation, contrairement à un environnement stérile où l'on évite tout conflit et où l'on ne développe aucun anticorps. Dès lors, si vous souhaitez que votre couple survive et a fortiori s'épanouisse, vous n'avez pas vraiment le choix : vous devez vous frayer un chemin à travers les défis. Mettez un point d'honneur à vous confier à votre conjoint, à aborder les problèmes qui sont importants pour vous, parce que, en agissant ainsi, vous, votre partenaire et votre couple en récolteront les bénéfices.

Comprendre le point de vue de David Schnarch, à savoir qu'un désaccord n'est pas synonyme d'incompatibilité, a transformé mon propre couple. Cela s'est produit alors que j'étais avec mon épouse depuis plus de dix ans. Je pensais que nous étions faits pour être ensemble, jusqu'à ce que nous rencontrions un blocage et que je me retrouve tout à coup submergé par la peur et l'anxiété. *Que se passait-il ? J'étais persuadé qu'elle était l'amour de ma vie, pourtant nous nous trouvions en total désaccord à propos d'une chose très importante pour chacun de nous. Était-ce le début de la fin ?* Puis j'ai lu *Passionate Marriage* et je me suis rendu compte que non. Rien ne clochait dans notre couple, tout allait très bien. Il suivait simplement le cours normal de son évolution. Comme l'a décrit Schnarch : « Un mariage fonctionne avec beaucoup plus d'intensité et de pression que l'on ne s'y attend – à un point tel que les couples pensent, à tort, que l'heure du divorce a sonné alors qu'en réalité il est temps de se mettre véritablement au travail. » Nous avons donc fait les efforts nécessaires et nous sommes parvenus à sortir grandis de ce blocage, et de quelques autres qui sont apparus plus tard. Ils font peur, car ils nous laissent démunis, à terre et vulnérables. Néanmoins, si vous avez surmonté un conflit majeur, ceux qui viennent ensuite sont moins compliqués (sans être faciles), parce que vous en avez moins peur ; vous savez déjà que vous êtes capables d'y survivre. Vous avez de l'espoir.

Il n'existe aucun chemin entièrement sûr quand on fait face à un conflit, mais si vous mettez en place les conditions favorables à l'ouverture et à l'authenticité, il est très probable que vous parveniez à le résoudre. Voici quelques autres idées à garder à l'esprit lorsque vous êtes en désaccord, quelle que soit l'intensité de celui-ci.

Réfléchissez. Parfois, il est préférable de simplement prendre du recul par rapport à votre relation et de réfléchir – que ce soit pour consulter une autre personne ou pour écrire dans votre journal intime. Souvenez-vous, les personnes les plus généreuses donnent aussi à elles-mêmes. L'une des façons de procéder est de se dire : « J'ai besoin d'un peu de temps, seul, pour faire le point, penser et comprendre. »

Écoutez l'autre et identifiez-vous à lui. Mettez de côté vos arguments et vos idées préconçues pendant quelques minutes ou quelques heures, puis écoutez et ouvrez véritablement votre esprit à ce que votre partenaire est en train de dire. Résistez à l'envie de vous détourner de cette conversation ou d'interrompre votre conjoint avec votre version de l'histoire, et n'écartez pas ses inquiétudes sous le prétexte qu'elles ne sont pas importantes. Une étude récente publiée dans *Journal of Family Psychology* a montré qu'« une écoute attentive, lorsque l'un des conjoints exprime son stress, permet un meilleur soutien dyadique et une relation plus satisfaisante[16] ». Écouter avec sincérité et faire des efforts pour comprendre le point de vue de votre partenaire sont des signes d'empathie (l'effet) ainsi qu'une façon supplémentaire de la renforcer (la cause).

Trouvez des moyens de parvenir à dire oui. John Gottman, psychologue à l'université de Washington, est l'un des principaux chercheurs mondiaux sur les relations humaines. Il a interrogé des centaines de couples et a analysé leurs conversations. Les données montrent sans équivoque que des discussions respectueuses et positives sont l'essence de la réussite conjugale : « Cela paraît simple, mais en réalité vous pourriez comprendre l'ensemble des résultats de mes recherches avec la métaphore d'une salière. Au lieu de la remplir avec du sel, versez-y toutes les manières dont vous pouvez dire : oui, c'est cela une bonne relation. Dites : “Oui, c'est une bonne idée” ; “Oui, c'est un argument intéressant, je n'y avais jamais pensé”, etc. Dans un couple qui rencontre des difficultés, la salière est remplie de toutes les façons dont vous pouvez dire non. » En outre, Gottman explique que la meilleure relation possible nécessite un ratio de positivité de 5 pour 1, c'est-à-dire que pour chaque désaccord ou conflit, conversation houleuse ou déception, il doit y avoir cinq gestes positifs – un compliment ou un message amoureux par écrit ; un sourire, une étreinte ou un baiser ; une promenade romantique sur la plage, faire l'amour ou organiser un dîner en tête à tête. En effet, si les conflits sont inévitables et importants, nous devons les accompagner d'un nombre suffisant d'expériences positives.

Soyez gentil. Être gentil est un moyen efficace pour faire croître le ratio de positivité. Cela paraît très simple, n'est-ce pas ? Mais combien de fois cherchons-nous à atteindre notre partenaire par une insulte ou en le traitant avec hostilité ? Plus que tout, une relation s'épanouit sur des bases de courtoisie et de respect ; pourtant, de très nombreuses personnes s'octroient la liberté d'être grossières ou hostiles envers ceux qui leur sont proches. Ce comportement est injuste envers le partenaire et dommageable pour le couple. Que faire pour être gentil envers votre conjoint, même lorsque vous êtes au beau milieu d'un désaccord ? Souvent, un simple geste de gentillesse suffit à désamorcer les tensions et permet de trouver des solutions.

Prenez soin de vous. Faites régulièrement de l'exercice, méditez, faites une bonne nuit de sommeil, prenez du temps pour écouter de la musique, plongez-vous dans un livre, ou quoi que ce soit qui réapprovisionnera vos ressources et vous aidera à récupérer. Vous vous demandez sans doute : *En quoi ces gestes ont-ils un lien avec les relations ?* Ils y sont très profondément liés, car ils peuvent servir de catalyseurs à une spirale ascendante. Prenez par exemple le sport : faire de l'exercice entraîne la sécrétion d'hormones du bien-être dans votre cerveau. Lorsque je me sens bien dans ma peau, je suis davantage patient avec mon conjoint et mes enfants. De la même façon, lorsque je médite, je m'accorde du temps pour récupérer, je suis plus ouvert, plus généreux et plus gentil avec les gens que j'aime ; mes relations seront donc meilleures. Je commence par moi pour ensuite me tourner vers les autres.

David Schnarch décrit les relations qui impliquent un engagement émotionnel, comme des « machines à faire grandir les gens ». Cela s'applique aux relations parents-enfants, ainsi qu'à celles entre deux partenaires. Toutefois, cette évolution ne se produit pas par défaut, c'est pourquoi, notamment pendant les périodes difficiles, nous voyons de nombreux couples et les personnes qui les composent se faner. Pour que nos relations soient antifragiles et s'épanouissent en toutes circonstances, nous devons laisser de la place au conflit et à la positivité, au fait de savoir et de faire savoir, à l'écoute et à la parole, au fait de donner aux autres mais également à soi-même.

BILAN PERSONNEL DE LA SPIRE

Bien-être relationnel

Réalisez les trois étapes du bilan personnel de la SPIRE, *attribuer*, *décrire* et *prescrire*, en vous concentrant sur votre bien-être relationnel, et en réfléchissant aux questions suivantes :

Partagez-vous des moments agréables avec votre famille et vos amis ?
Entretenez-vous des relations profondes avec les autres ?
Prenez-vous soin de vous ?
Êtes-vous une personne généreuse ?

En vous basant sur vos réponses, déterminez votre niveau de bien-être relationnel, puis *attribuez* une note entre 1 et 10, 1 étant faible ou très peu fréquent et 10 élevé ou très fréquent. Après avoir donné cette note, *décrivez*, par écrit, pourquoi vous vous êtes octroyé ce score. Ensuite, *prescrivez* une solution pour faire évoluer cette note d'un seul point, pour commencer. Il peut par exemple s'agir de consacrer du temps à vos proches, d'être plus gentil et généreux, de vous abstenir d'aider les autres lorsque ce n'est pas nécessaire, d'apprécier à leur juste valeur vos beaux ennemis et ainsi de suite. Faites cette introspection une fois par semaine.

....

5

Bien-être émotionnel

Votre joie est votre tristesse sans masque.
Et le même puits d'où jaillit votre rire
a souvent été rempli de vos larmes.
Comment en serait-il autrement ?
Plus profonde est l'entaille découpée en vous
par votre tristesse, plus grande est la joie
que vous pouvez abriter.

Khalil Gibran, *Le Prophète*

Il y a plusieurs années, j'étais alors un jeune diplômé et je commençais tout juste à donner mes premiers cours sur la psychologie positive où seuls huit étudiants étaient inscrits. Enfin, au début. Puis deux d'entre eux ont laissé tomber, ce qui m'a officiellement laissé avec… un ego blessé. Puis un jour, alors que je prenais mon déjeuner en compagnie d'un étudiant dans l'une des résidences universitaires, un autre étudiant de ma connaissance, mais qui ne suivait pas mes cours, s'est approché et m'a demandé :

« Est-ce que je peux me joindre à vous, Tal ?

— Bien sûr. »

Il s'est donc assis et a dit :

« J'ai entendu dire que vous donniez des cours sur le bonheur.

— C'est ça, il s'agit de psychologie positive, ai-je répondu.

— Vous savez, mon colocataire suit vos cours, alors je vous surveille.

— Vous me surveillez ? Pourquoi ?

— Parce que, si un jour je ne vous vois pas heureux, je le lui dirai. »

Le lendemain, pendant mon cours avec mes six étudiants, j'ai fait allusion à cette conversation et je leur ai dit :

« Vous savez, la dernière chose que je veux que vous pensiez, c'est que je suis toujours heureux ou que d'ici à la fin de l'année vous vous sentirez bien en permanence. »

En effet, l'idée qui se cachait derrière la remarque de cet élève – à savoir qu'une vie heureuse était nécessairement dépourvue de tristesse et de toute autre émotion désagréable – est assez fréquente. En réalité, seules deux catégories de personnes n'éprouvent jamais d'émotions douloureuses telles que la tristesse, la colère, la frustration, la jalousie ou l'anxiété. La première, ce sont les psychopathes. Ces derniers ne sont pas capables de ressentir la totalité du panel des émotions humaines ; c'est leur handicap. La seconde, ce sont les personnes décédées.

Donc, si vous éprouvez des émotions douloureuses, c'est un bon signe. Cela veut dire premièrement que vous n'êtes pas un psychopathe, et deuxièmement que vous êtes en vie.

Ce fut peu de temps après le déjeuner avec le colocataire de mon étudiant que l'idée de la permission d'être humain m'est venue. Depuis, elle est devenue, selon moi, l'un des piliers fondamentaux d'une vie plus heureuse. La permission d'être humain, c'est se donner l'autorisation de ressentir toutes les émotions existantes, aussi douloureuses qu'elles soient. Vous accorder ce droit, c'est admettre : *Je ressens ces émotions pour le moment et c'est très bien*, ou comme le dit Demi Lovato : « *It's OK not to be OK**. »

Vous donner la permission d'être humain pourrait se traduire par le fait d'accepter d'avoir peur d'être contaminé par le coronavirus. Ou bien d'accepter l'anxiété d'avoir été remercié par votre employeur. L'inquiétude que vos enfants soient en train de prendre du retard dans leurs études. Le chagrin d'apprendre la maladie d'un être cher. La frustration de ne pas pouvoir voyager. L'incertitude de savoir quand le prochain incendie de forêt ou le prochain ouragan frappera votre communauté. La tristesse d'avoir perdu tout contact avec un ami. La jalousie de voir à quel point votre ex semble si bien aller en ce moment. L'agacement de vous apercevoir, pour la énième fois, que personne dans votre maison ne semble savoir comment mettre le lave-vaisselle en marche. La colère que, pour quelque raison que ce soit, *vous n'avez pas signé pour ce qui vous arrive.* Il est préférable d'accepter ces émotions et de les laisser s'exprimer, plutôt que de les retenir.

---

* Traduction : « C'est OK de ne pas être OK. » (*N.d.T.*)

Généralement, nous ne traitons pas toutes nos émotions de la même manière ; nous accueillons les sentiments joyeux, mais nous repoussons ceux qui se trouvent du côté douloureux du spectre. Le simple fait que l'on se réfère à ces derniers comme à des émotions *négatives* est bien la preuve de l'attitude générale et nocive que nous avons envers elles.

L'un des problèmes, notamment dans le monde d'aujourd'hui où les réseaux sociaux règnent en maîtres, est que nous sommes persuadés que les gens qui nous entourent mènent en permanence une vie extraordinaire. Nous pensons que chacun excelle dans ce qu'il fait et s'en sort très bien, voire vit dans une euphorie quasi permanente, alors que nous semblons être le seul à ne pas aller bien. Nous n'avons pas envie de paraître anormaux, alors nous cachons notre tristesse, notre anxiété et notre peur. *Comment vas-tu ? Je vais bien, et toi ?* Notre obstination à offrir un masque de bonheur est autodestructrice – et contribue à une immense déception qui peut nous conduire à une profonde dépression.

Lorsque mon premier enfant, David, est né, notre pédiatre nous a donné un précieux conseil. Quelques heures après l'accouchement, il est entré dans notre chambre d'hôpital pour vérifier que ma femme et notre bébé allaient bien. Après s'en être assuré, il nous a dit :

« Au cours des prochains mois, vous allez passer par tout un panel d'émotions, souvent extrêmes. Vous allez ressentir de la joie et de l'émerveillement, de la frustration et de la colère, du bonheur et de l'irritation. C'est normal. Nous vivons tous la même chose. »

C'est le meilleur conseil que j'ai reçu au cours de ces premiers mois de parentalité. Pourquoi ? Parce que, après un mois enfermé avec un nouveau-né, j'ai commencé à éprouver de la jalousie envers David. Pour la première fois depuis que mon épouse et moi étions ensemble, une autre personne que moi obtenait plus d'attention de sa part. Quels que soient ma fatigue, mon manque de sommeil et mon épuisement, peu importe à quel point j'avais besoin d'elle, ses besoins à lui passaient en premier. Si nous n'avions pas eu cette conversation avec notre pédiatre, je me serais dit : *Tal, mais quel horrible papa tu fais ! Tu es une mauvaise personne. Jaloux de ton propre fils ? C'est dégoûtant.* Mais j'ai entendu la voix du médecin dans ma tête, qui me donnait l'autorisation d'être humain : *C'est normal. Nous vivons tous la même chose.* Grâce à ce conseil, j'ai été en mesure d'accepter de ressentir cette jalousie, et je l'ai ressentie pleinement. Cinq minutes plus tard, l'émotion avait disparu et j'ai été capable d'éprouver l'amour que j'avais et que j'ai toujours pour lui.

Rejeter les émotions les rend plus fortes

Nous sommes ici face à un paradoxe, car rejeter les émotions douloureuses ne fait que les intensifier. Nous les rejetons de nouveau ; elles se renforcent et nous rongent encore plus profondément. En revanche, si on les accepte et les accueille, elles ne restent pas. Elles s'invitent avant de repartir aussi vite qu'elles sont venues.

Prenons par exemple le chagrin, sans conteste l'une des émotions les plus douloureuses. Les études estiment que les personnes qui vivent une période de chagrin se répartissent globalement en deux groupes. Le premier est composé de ceux qui sont considérés comme résistants. À la suite de la perte d'un être cher, ils décident : « Je vais être fort. Je vais traverser cette épreuve. Je ne vais pas me laisser atteindre par le chagrin. » Ils font bonne figure, se prennent par la main et avancent. Le second groupe, composé de ceux qui sont considérés comme plus sensibles et moins résistants, dirait : « C'est la pire chose qui me soit arrivée et je ne sais pas comment je vais arriver à la surmonter. » Ils pleurent, ils en parlent et ils vivent leurs émotions. Ils sont brisés.

En observant ces deux groupes de l'extérieur, nous regardons peut-être le premier en pensant : *Ils s'en sortent vraiment bien !* Puis nous nous tournons vers le second et pensons probablement : *Je suis inquiet, j'espère simplement qu'ils vont s'en remettre et qu'ils s'en sortiront.* Pourtant, les études montrent qu'environ un an plus tard, le second groupe ira très certainement mieux que le premier, car il s'est autorisé à être humain et a ainsi permis au processus naturel du chagrin de suivre son cours.

Pourquoi le chagrin, l'anxiété ou la jalousie fonctionnent-ils de cette façon ? Pourquoi les émotions douloureuses s'apaisent-elles lorsqu'elles sont accueillies et s'intensifient-elles quand elles sont rejetées ? Voici une petite expérience. Pendant les dix prochaines secondes, je vous demande de *ne pas* penser à un éléphant rose. Vous savez de qui je veux parler ? De Dumbo avec ses grandes oreilles ? Oui, cet éléphant rose là ! Eh bien, ne pensez pas à cet éléphant pendant encore deux secondes supplémentaires.

J'ai la forte intuition que vous avez pensé à un éléphant rose. Pourquoi ? Parce que, lorsqu'une expression est répétée, encore et encore, nous y pensons. Lorsque nous entendons : *N'y pense pas*, quand nous essayons de faire disparaître cette pensée, nous sommes bien plus susceptibles de continuer à la visualiser. C'est dans notre nature. Ce phénomène, décrit par le psychologue Daniel Wegner, fait partie de sa théorie de l'effet rebond (ou effet ironique), et il s'applique aussi aux émotions douloureuses[1]. En essayant de rejeter des sentiments pénibles, ils deviennent plus forts et durent plus longtemps.

Nos émotions sont un phénomène aussi naturel que la loi de la gravité. Imaginez que vous vous leviez tous les matins et que vous vous disiez : *J'en ai assez de la gravité. Je refuse de continuer à l'accepter !* Que va-t-il se produire ? Eh bien tout d'abord vous risquez de tomber. Et si vous vivez dans un immeuble ou que vous aimez faire de la randonnée en montagne, vous risquez de ne pas survivre très longtemps. Mais, même si vous survivez, vous vivrez des frustrations permanentes. Alors naturellement, nous ne refusons pas la loi de la gravité. Nous l'acceptons. Nous l'accueillons, nous jouons même avec. Imaginez une compétition de javelot ou de saut en hauteur aux Jeux olympiques, sans la gravité ? Aucun intérêt.

Pourtant, nous ne traitons pas les émotions douloureuses de la même façon. Lorsque nous ignorons le fait que nos sentiments font autant partie de notre nature humaine, tout comme la loi de la gravité fait partie de la nature physique, nous en payons le prix fort.

Lorsque j'ai commencé à enseigner, mon plus grand défi fut mon introversion. Je deviens très nerveux devant un large public, qu'il soit réel ou virtuel. Au début, alors que je me préparais à faire cours, je me disais : *Tal, ne sois pas anxieux ! Ne sois pas nerveux !* Que croyez-vous qu'il se passait ? J'étais encore plus nerveux. Palpitations. Mains et front moites. Esprit en ébullition. Encore plus d'éléphants roses voletant autour de moi. Tandis que le jour où je me suis donné l'autorisation d'être humain, lorsque j'ai accepté l'anxiété plutôt que d'essayer de la repousser, la nervosité a fini par disparaître au lieu de s'intensifier. Je suis toujours un peu nerveux avant une présentation, mais au lieu de me dire : *Tal, ne sois pas nerveux*, je me dis : *Je suis tellement heureux de ne pas être un psychopathe et d'être en vie.* La plupart du temps, l'anxiété perd de son emprise sur moi et est remplacée par de l'excitation.

La théorie de l'intention paradoxale de Viktor Frankl permet de faire avancer celle de l'effet rebond de Daniel Wegner : celle-ci dit que non seulement nous ne devrions pas interférer avec le flot de nos émotions douloureuses, mais que nous devrions même les encourager. Par exemple, si nous ne voulons pas être nerveux, nous devrions nous dire : *Sois encore plus anxieux. Ton énergie nerveuse n'est pas suffisante. Allez, sois plus anxieux !* Ce qui est intéressant, c'est qu'en incitant votre nervosité – ce qui revient une fois de plus à se donner l'autorisation de ressentir cette émotion – il y a de grandes chances pour que finalement l'anxiété diminue.

Un autre paradoxe entre ici en jeu. Les émotions douloureuses sont non seulement intensifiées lorsque nous les rejetons ou que nous les évitons, mais nous manquons en outre une occasion d'éprouver l'ensemble du panel des émotions agréables. Tous nos sentiments, qu'ils soient doux ou pénibles, passent par le même canal. Si je rejette les plus douloureux, si j'essaie de les retenir et de les arrêter, je vais également obstruer le libre flux de ceux qui sont plus agréables. Par conséquent, je ne me donne pas le droit d'éprouver l'ensemble du panel de mes émotions. Si je fais barrage à la jalousie, sans le vouloir je retiens aussi l'amour. Si je restreins l'anxiété, je limite également l'excitation. Si je fais disparaître la tristesse, j'entrave également la libre circulation de la joie. Les émotions douloureuses et agréables sont les deux extrémités d'un seul et même ensemble ; les deux facettes d'une même pièce. Selon Golda Meir, Première ministre d'Israël de 1969 à 1974 : « Ceux qui ne savent pas pleurer de tout leur cœur ne savent pas non plus rire. »

Nous pouvons établir deux niveaux de souffrance. Le premier est le sentiment naturel et automatique d'une émotion douloureuse, telle que la colère, la tristesse, la frustration ou l'anxiété, et que nous éprouvons de temps en temps. Elles peuvent naître à la suite d'événements variés, par exemple l'anticipation d'une présentation ou d'une situation dangereuse, une perte de revenus ou la disparition d'un être cher, et ainsi de suite. Mais il y a un second niveau de souffrance, que vous vous infligez lorsque vous luttez contre le premier, quand vous vous dites : *Je ne devrais pas être en colère*, *je ne devrais pas être anxieux*, ou encore *je ne devrais pas être jaloux*. Combattre une émotion ne fait qu'ajouter à la souffrance. Le *Tao te king* dit que, si nous voulons vivre une existence épanouissante, nous devons adhérer au fonctionnement de la nature, qui est celui de suivre le mouvement des choses plutôt que de le contrarier.

Si le premier niveau de souffrance est une composante inévitable de notre condition humaine ; le second est un choix. En acceptant l'émotion, alors vous vous épargnez le déni, qui ne fait qu'aggraver la douleur. En vous accordant le droit d'être humain, vous renforcez votre capacité à gérer les épreuves, vous êtes plus flexible face aux émotions douloureuses et vous vous ouvrez à la possibilité de sentiments plus agréables. Vous êtes plus antifragiles.

Lorsque vous affrontez des émotions douloureuses, il existe trois manières de vous donner l'autorisation d'être humain.

1. Pleurer. Versez des larmes. Acceptez que vos vannes s'ouvrent. Enfermez-vous dans votre chambre et sanglotez si c'est ce que vous avez envie de faire. Il a été prouvé que pleurer est une manière de s'apaiser par soi-même ; cela permet de libérer des hormones du bien-être telles que l'ocytocine et certaines substances qui soulagent la tristesse et le stress[2].

2. Parler de ces émotions douloureuses. Par tous les moyens, trouvez quelqu'un qui plongera avec vous dans ces émotions, que ce soit un ami sur Zoom ou bien une personne qui vit sous le même toit que vous. Exprimez-vous au lieu de vous taire, communiquez plutôt que de tout garder en vous. Parler simplement de nos difficultés ou des défis que nous rencontrons – que ce soit avec un ami en qui nous avons confiance ou avec un thérapeute – nous aide à relâcher les tensions et à nous sentir mieux[3].

3. Écrire à propos de ces émotions. Prenez dix minutes ou davantage pour écrire dans votre journal intime les difficultés que vous rencontrez, que vous avez traversées ou que vous vivez encore. Écrivez ce que vous avez ressenti et ce que vous êtes en train de ressentir, les idées qui vous sont venues à l'esprit à ce moment-là et ce qu'il se passe en ce moment dans votre tête. Ne vous préoccupez pas de votre grammaire, ni de la structure de vos phrases ni que vos mots aient ou non du sens. Ces pages sont uniquement pour vous, alors contentez-vous d'écrire, librement, tout ce qui vient de votre cœur et de votre esprit.

Le psychologue James Pennebaker, professeur à l'université du Texas, a démontré que tenir un journal intime a des conséquences profondes[4]. Dans son étude, les participants devaient passer vingt minutes par jour pendant quatre jours à écrire à propos de leurs expériences difficiles. Pennebaker a ensuite mesuré plusieurs résultats, dont le niveau d'anxiété des participants. Que s'est-il produit ? Au départ, face à cet exercice d'introspection, leur anxiété a augmenté. Sans doute parce qu'ils devaient se remémorer des souvenirs passés qu'ils avaient probablement enfouis quelque part dans leur subconscient. Lorsque Pennebaker a vu les premiers résultats, il s'est inquiété de faire souffrir ses sujets. Mais très rapidement, en l'espace d'une semaine, leur niveau d'anxiété a commencé à baisser. Puis il a chuté en dessous du niveau initial. Même *une année plus tard*, cette baisse était encore effective. Ces quatre-vingts minutes de discussion avec eux-mêmes ont eu des conséquences positives durables sur leur bien-être.

Je vous encourage à tenir un journal et à écrire sur vos propres expériences difficiles. Et si le journal devient répétitif ? Ce n'est pas grave. Soyez certain que, même si vous vous apercevez que vous y évoquez constamment les mêmes émotions, vous progressez. Voyez les choses de la façon suivante : comment apprend-on à jouer du piano ? Comment devenons-nous meilleurs ? Par la pratique et la répétition. Vous n'avez pas à vous dire : *Bon, je vais m'assoir et essayer de jouer une seule fois ce morceau particulièrement difficile de Rachmaninov*. Pour être en mesure de bien comprendre le morceau, vous devez l'intégrer, le jouer encore et encore. De la même manière, il est parfois nécessaire d'écrire plusieurs fois à propos d'une expérience difficile, avant de pouvoir l'intégrer et comprendre ce que vous êtes en train de vivre.

Au cours de ces semaines chaotiques et confuses, alors que nous subissions le confinement du mois de mars 2020, nous isolant chez nous pour faire face à la première vague du coronavirus, j'ai trouvé beaucoup de réconfort dans la poésie. Afin de traverser cette période difficile, nous avons mis en place de nouveaux rituels au sein de notre foyer ; l'un d'eux était que chaque soir nous lisions ensemble un poème. Pour commencer, nous avons lu *La Maison d'hôte*, du poète soufi du XIIIe siècle, Rûmi. Il y incite à inviter toutes les émotions et les pensées, comme nous accueillerions des invités dans notre maison, avec un cœur et un esprit ouverts : « Sois reconnaissant de celui qui vient. » Lire un poème peut être un rituel tout à fait réconfortant, seul ou en famille. La poésie est un média particulièrement utile à la réflexion pendant les périodes difficiles, car elle présente les choses dans un langage pesé mais sans filtre. Elle offre des expériences et des émotions brutes.

Pour ressentir un véritable bonheur, nous devons tout d'abord accepter le malheur. La permission d'être humain est la fondation sur laquelle se construit une vie plus heureuse, quoi qu'il arrive.

L'acceptation active

Accepter l'ensemble du panel des émotions humaines n'est pas une invitation à se résigner. C'est-à-dire à baisser les bras et à penser : « Eh bien, en ce moment je suis triste et en colère, et c'est tout ce dont je suis capable. Ma vie est nulle. » À la place, j'encourage une approche d'acceptation active.

Il s'agir d'accueillir nos sentiments pour choisir le meilleur comportement à adopter. Il n'y a rien de mal à ressentir des émotions douloureuses, tout comme il n'y a rien de mal à accepter la loi de la gravité. Ce sont tous deux des phénomènes naturels. La question est donc : que faire avec ? Devons-nous nous résigner face à la gravité et nous contenter de tomber, ou décidons-nous de construire des échelles, des ponts et des avions ? Acceptons-nous de succomber aux émotions douloureuses ou bien choisissons-nous un comportement plus approprié ?

En fin de compte, les actes surpassent les émotions ; ce que nous faisons a plus d'importance que ce que nous ressentons. Par exemple, jalouser mon enfant ou mon meilleur ami ne fait pas de moi un mauvais père ou un mauvais ami. La jalousie n'est certes pas agréable, mais il n'y a rien d'immoral dans le fait de l'éprouver. Néanmoins, si je suivais ce sentiment et que je faisais du mal à mon fils ou à mon ami, alors ce serait une autre histoire.

Une partie du paradoxe que j'ai évoqué plus haut – les sentiments qui nous blessent s'intensifient lorsqu'ils sont rejetés – est que si nous refusons les émotions douloureuses, il y a de grandes chances pour qu'elles finissent par nous contrôler, alors qu'en les acceptant, nous maîtrisons mieux les actes qui en découlent. Les gens qui refusent d'avoir peur agiront probablement avec moins de courage. Ceux qui refusent d'éprouver de la colère envers les autres auront finalement plus de chances de sortir de leurs gonds. En revanche, les personnes qui acceptent leur peur se défendront et agiront sans doute avec plus de témérité : le courage, ce n'est pas *ne pas avoir* peur, mais plutôt *avoir* peur et y aller quand même. Ceux qui acceptent leur colère seront certainement plus généreux et bienveillants envers les autres.

Disons que le coronavirus, ou tout autre problème de santé vous angoisse. Si vous vous contentez de penser : *Je ne devrais pas être anxieux*, ou bien *Ne t'inquiète pas*, vous savez ce qu'il va se produire. L'inquiétude et l'anxiété vont augmenter et peuvent finir par se transformer en panique dévorante. Alors que si vous admettez : *Je suis anxieux et inquiet à propos du virus*, ou simplement : *Je suis un être humain*, et que vous acceptez de ressentir ces émotions, alors vous pourrez prendre les bonnes décisions.

Vous n'êtes pas vos émotions

Apprendre à examiner nos émotions douloureuses est essentiel pour nous donner le droit d'être humains, il s'agit donc de l'une des clés de la guérison émotionnelle. À travers l'observation, nous apprenons à faire la différence entre nous-mêmes et ce que nous ressentons, afin d'évoluer d'un *Je suis l'émotion* à un *Je ressens une émotion*. En contemplant ces sentiments, comme nous admirerions un objet, nous prenons conscience que nous ne sommes pas plus une émotion, que nous ne sommes une flamme, un souffle ou une pierre.

Cette notion n'est pas sans importance et ce n'est pas non plus une simple question de sémantique. Lorsque nous évoquons des sentiments, la plupart du temps, nous fusionnons ce que nous ressentons avec qui nous sommes – comme le montrent les expressions *Je suis triste* ou *Je suis jaloux* –, or cela nous empêche de laisser libre cours à ces émotions. Toutefois, si l'on change de point de vue – que l'on transforme un *Je suis triste* en un *Je ressens de la tristesse*, un *Je suis jaloux* en un *J'éprouve de la jalousie* –, il devient plus facile de laisser aller ces sentiments, parce que nous cessons de ne former plus qu'un ; ce qui n'implique cependant pas que nous abandonnions qui nous sommes.

Comme je l'ai évoqué au chapitre précédent à propos des relations, ce sont les mots qui créent les univers : notre langage a des répercussions sur notre façon de penser et d'agir. Alors il est essentiel que nous changions notre manière de parler, pour qu'il devienne plus évident que *Je ne suis pas mes émotions* et encore plus évident que *Je ressens une émotion*. Après tout, est-ce que je me dis : *Je suis un mal de tête*, lorsque celle-ci est douloureuse ? Tout comme *J'ai mal à la tête*, je ressens aussi de la tristesse, de la jalousie ou toute autre émotion.

Lorsqu'on observe nos sentiments, sur quoi nous concentrons-nous exactement ? Une émotion est associée à une pensée (un composant cognitif) et à des sensations (un composant physique). L'anxiété par exemple, génère des sensations physiques telles que l'impression d'avoir la gorge serrée, un nœud dans votre estomac, ou bien des tensions dans vos épaules ou le bas de votre dos. La somme de vos pensées cognitives et de vos sensations physiques est ce que nous appelons l'émotion.

Dans *Méditer pour ne plus déprimer*, l'ouvrage qu'il a corédigé, et qui traite de l'examen des sensations physiques associées aux maladies psychologiques, le psychologue de l'université d'Oxford Mark Williams écrit : « Passer du refus de l'inconfort physique à une *attention* bienveillante et *curieuse* peut transformer notre façon de vivre nos expériences[5]. » L'attention curieuse signifie ne pas lutter contre la sensation ou s'en détourner, mais plutôt prendre de la distance par rapport à celle-ci et l'observer. Il s'agit de remarquer ses manifestations physiques – votre gorge qui se serre ou le nœud dans votre estomac – comme vous contempleriez une œuvre d'art, un chien en train de jouer ou une rivière qui coule, et de songer par exemple : *Regarde ça, comme c'est intéressant !* Votre expérience émotionnelle n'en est pas moins douloureuse, car votre peine demeure, mais vous l'observez avec un esprit et un cœur ouvert. En d'autres termes, vous n'êtes pas la sensation, car en la contemplant vous la mettez à distance et vous vous différenciez d'elle.

Le prisme de l'attention curieuse peut également vous servir à examiner vos pensées, telles que : *Je ressens de l'anxiété, que puis-je faire à présent ? J'aimerais que cette douleur puisse disparaître* ; ou encore : *Pourquoi est-ce que je ressens ce que je ressens ?* En prenant simplement le temps de regarder celui qui parle, vous admettez une fois de plus que vous êtes l'observateur, et la pensée est celle qui est observée. Ainsi, la pensée n'est pas vous. En apprenant à simplement étudier nos émotions, en cultivant notre capacité à nous concentrer et à nous reconcentrer sur nos réflexions et nos sensations, sans jugement, nous pouvons nous libérer du second niveau de souffrance, de la douleur que nous avons fabriquée et qui s'ajoute à une peine qui, elle, est naturelle.

L'observation nous aide non seulement à nous détacher de nos émotions, mais a un autre avantage, celui de nous faire accepter la véritable nature de celles-ci : elles sont fugaces et temporaires et non permanentes et omniprésentes, ces sentiments, cette situation, ne dureront pas toujours. La fugacité est une notion centrale de la pensée bouddhiste. Il s'agit d'apprendre à voir les émotions comme quelque chose d'éphémère ; ce qui n'est pas toujours facile. Parfois, nos sentiments sont tellement vifs qu'il nous est impossible d'entrevoir un moyen de les apaiser ou de les étouffer. Alors nous pensons que, comme le soleil, ils sont là et le resteront – si ce n'est pour des milliards d'années, du moins jusqu'à ce que la mort nous sépare. Nos pensées et nos sensations font tellement parties de nos vies qu'elles nous semblent souvent plus réelles que des objets concrets ; pourtant, lorsque nous nous familiarisons avec leur véritable nature, nous nous apercevons que ce n'est pas le cas. La méditation est un excellent moyen de pratiquer l'observation et de nous habituer au véritable caractère de nos émotions.

Chaque sentiment a un début et une fin, un flux et un reflux, une élévation et une chute. En observant leur cours naturel, nous nous apercevons que les pensées et les sensations ne sont pas des structures figées qui ne disparaissent et ne changent jamais, mais qu'elles en ont seulement l'apparence. Elles repartent comme elles sont venues. Matthieu Ricard, auteur et instructeur de méditation, a écrit que les émotions sont « simplement des éléments temporaires et anecdotiques de notre nature[6] ».

La différence entre une personne plus heureuse et une personne déprimée se résume souvent à leur manière de percevoir leurs émotions douloureuses. Celle qui est déprimée éprouve une impuissance acquise : « Quoi que je fasse, ce sentiment ne partira jamais. » Tandis que celle qui est plus heureuse ressent les mêmes émotions, mais elle est consciente qu'« elles sont vouées à disparaître ».

La gratitude

Le poète libano-américain, Khalil Gibran écrit que nous sommes tels des puits qui ont la capacité de ressentir le chagrin et la joie. Chaque fois que nous éprouvons de la tristesse, l'intérieur de notre puits se creuse un peu plus, ce qui signifie que nous avons plus de place pour ressentir, plus tard, de la joie. Puis, lorsque nous nous acceptons de ressentir à nouveau du chagrin, de la colère, de l'anxiété et de la peur, nous accroissons encore un peu plus notre capacité à éprouver de la joie, de l'amour, de l'excitation et de l'espoir.

Il est important de cultiver les émotions agréables dans les bons comme dans les mauvais moments, aujourd'hui ou plus tard. Au-delà du fait que cela fait du bien de se sentir bien, les émotions agréables ont également un autre objectif : nous donner de l'énergie et élargir le champ des possibles qui se trouvent sous nos yeux. Barbara Fredrickson, psychologue à l'université de Caroline du Nord, affirme : « Les gens se transforment lorsqu'ils ressentent des émotions positives, ils deviennent des individus plus créatifs, instruits, résilients, socialement intégrés et en bonne santé[7]. » L'un des moyens les plus faciles pour nous transformer, c'est d'être reconnaissant. Cela fait maintenant plus de vingt ans que je tiens un journal de gratitude – depuis le 19 septembre 1999, pour être précis. Je l'ai commencé parce que Oprah Winfrey* en a vanté les mérites dans l'une de ses émissions. Pourtant, c'est seulement quelques années plus tard, en 2003, que les recherches en ont démontré les bénéfices. Tenir un journal quotidiennement ou de façon hebdomadaire peut nous rendre plus heureux, plus positifs, et nous donner plus de chances d'atteindre nos objectifs. Nous sommes

* Oprah Winfrey est notamment une animatrice télévisée très célèbre aux États-Unis. Avec le temps, elle est devenue une figure incontournable et influente des médias et de la société américaine. (*N.d.T.*)

ainsi plus gentils et plus généreux envers les autres, et notre santé physique s'améliore[8].

Comment se fait-il qu'un acte aussi simple puisse avoir des conséquences aussi fortes sur notre bien-être ? Globalement, nous vivons tous de bonnes et de mauvaises choses. Toutefois, notre niveau de bien-être est déterminé, jusqu'à un certain point, par les éléments sur lesquels nous choisissons de nous concentrer. Tenir un journal de gratitude n'affecte pas uniquement les quelques minutes pendant lesquelles vous pensez et vous écrivez à propos de ce qu'il y a de bien dans votre vie, ou les choses que vous avez envie de savourer. Sa portée va bien plus loin. C'est le début de ce que Robert Emmons, spécialiste de la reconnaissance et professeur de psychologie à l'université de Californie à Davis, décrit comme une spirale ascendante positive : j'exprime ma gratitude donc je me sens mieux, ainsi je suis plus gentil envers une autre personne, et par conséquent celle-ci est plus gentille envers moi et je me sens encore mieux. Par la suite, je suis un peu plus efficace au travail, ce qui m'aide à être plus agréable avec mes enfants et à me sentir plus épanoui, et ainsi de suite. Une toute petite expérience positive peut changer le cours de notre journée, en transformant sa trajectoire descendante en spirale ascendante.

Exprimer votre reconnaissance est un outil particulièrement utile lorsque la vie est difficile et que vous avez le sentiment que tout ce qu'il y a autour de vous est sombre. L'une des hypothèses fondamentales de la science du bonheur est que dans chaque situation vous pouvez trouver une chose pour laquelle être reconnaissant – d'ailleurs, exprimer simplement votre gratitude d'avoir été capable d'affronter votre journée suffit. Même si votre situation semble être au plus mal, en vous concentrant sur un ou deux éléments qui vont bien, vous pouvez parvenir à modifier le sens de la spirale, tout comme une seule bougie peut éclairer la totalité d'une pièce qui est plongée dans l'obscurité.

Lorsque vous tenez votre journal de gratitude, vous n'êtes pas obligé de tomber dans le piège de la monotonie, en vous contentant d'écrire machinalement des observations, sans exprimer vos sentiments. Comment rendre ce journal intéressant ? Tout d'abord, vous pouvez chercher de nouveaux éléments sur lesquels vous concentrer et pour lesquels être reconnaissant – ce monde est tellement riche qu'il est toujours possible de trouver quelque chose d'inédit à apprécier. Ensuite, même si les sujets de vos gratitudes se répètent, les visualiser et les savourer est malgré tout agréable. Fermez les yeux et faites apparaître dans votre esprit ce que vous êtes en train d'écrire – vous allez ainsi activer le cortex visuel de votre cerveau –, de cette façon vous évitez de vous mettre en mode pilote automatique[9]. Vous pouvez ensuite prendre un peu de temps, quelques secondes suffiront, pour savourer et entrer en contact avec ce que vous ressentez. Disons que j'aimerais exprimer de la gratitude pour mes enfants, David, Shirelle et Eliav. Je commence par faire apparaître leurs visages dans ma tête et je savoure l'amour que j'ai pour eux dans mon cœur. Je me connecte à cet amour et je ressens les bénéfices de ce que Barbara Fredrickson appelle *heartfelt positivity*[*10]. Ensuite, j'écris leurs noms

* Traduction : « La pensée positive qui vient du cœur ». (*N.d.T.*)

dans mon journal. À cet instant, ma gratitude est bien réelle. En revanche, si je me contente d'écrire sans faire de pause pour éprouver cette émotion, il y a de grandes chances pour que cela n'ait aucun effet.

L'une des formes de gratitude les plus utiles est celle de la célébration de vos victoires – même les plus petites ou les plus banales. Les recherches de la professeure de l'université Harvard Teresa Amabile et du psychologue du développement Steven Kramer indiquent que prendre le temps de penser à quelque chose d'important, que vous avez fait avancer pendant la journée, vous rend plus productif, plus créatif et augmente votre satisfaction professionnelle[11]. Les progrès les plus significatifs ne sont pas nécessairement des avancées majeures vers un noble objectif ; toute contribution à un élément qui en vaut la peine suffit, comme un rendez-vous qui se passe bien avec un client, ou le développement, aussi modeste soit-il, d'un projet. Le « principe du progrès » s'applique également à nos vies. Que vous soyez parvenu à faire trois lessives complètes, à apprendre à votre enfant à faire ses lacets, ou que vous ayez enfin repeint votre salon – tout a son importance. Dans tous les domaines de votre vie, ne tenez pas pour acquises les bonnes choses ; soyez reconnaissant, quelle que soit votre progression.

Vous pensez sans doute : *Tout cela est très intéressant, mais je n'ai pas le temps de tenir un journal de gratitude !* C'est une activité qui n'a pas besoin de prendre beaucoup de temps – elle ne nécessite en fait que deux ou trois minutes le soir. De plus, si vous tenez de manière régulière un journal de gratitude, au cours de la journée vous allez vous mettre à chercher des choses que vous pourrez écrire plus tard, une démarche qui vous aidera à être plus présent. Chez moi, au moment du dîner, nous exprimons au moins une fois par semaine et à tour de rôle, ce pour quoi nous sommes reconnaissants. De cette façon, je sais que pendant la semaine mes enfants vont rassembler des gratitudes, prendre mentalement note des choses qu'ils partageront plus tard avec le reste de la famille. Cet exercice simple peut être un précieux rituel à faire seul ou à plusieurs, chez vous ou au travail, dans les bons comme dans les mauvais moments.

Le bonheur est contagieux

Au début des années quatre-vingt-dix, plusieurs scientifiques italiens ont isolé un neurone dans le cerveau du singe. Chaque fois que l'animal portait la main à sa bouche, ce neurone s'activait. Un jour, les scientifiques ont remarqué que ce dernier s'activait, alors que le singe était assis et immobile. Ils ont tout d'abord pensé qu'il s'agissait d'un dysfonctionnement. Jusqu'à ce que l'un d'entre eux comprenne ce qu'il se passait : un scientifique présent dans le laboratoire était en train de manger un cornet de crème glacée. Chaque fois que le singe voyait l'homme lever la main, ce neurone s'activait, réagissant comme si l'animal faisait le même geste. Ils avaient accidentellement découvert les neurones miroir[12]. Aujourd'hui, et de très nombreuses recherches plus tard, on comprend beaucoup mieux l'importance de ces neurones. Dans notre cerveau, ils sont à l'origine de l'empathie et de l'apprentissage ; c'est grâce à eux que les bébés apprennent en imitant les autres. Il se trouve également qu'ils sont le moteur essentiel de la contagion émotionnelle. Lorsqu'une personne ressent une émotion, elle peut entraîner le déclenchement de la même émotion chez un autre individu. Ainsi, lorsque nous sommes joyeux et que nous sourions, ou que nous éclatons de rire, nous stimulons généralement l'humeur de ceux qui nous entourent.

Par conséquent, exprimer sa gratitude permet non seulement de créer une spirale ascendante interne, mais également une spirale ascendante externe. En manifestant notre reconnaissance, nous nous sentons mieux ; lorsque nous nous sentons mieux et grâce à la contagion émotionnelle, les autres vont également mieux ; et quand ils vont mieux, nos neurones miroir réagissent et en retour notre humeur s'améliore. Ainsi de suite.

Écrire une lettre de gratitude

Une autre action forte qui peut vous faire entrer, ainsi que votre entourage, dans une spirale ascendante est l'écriture d'une lettre de gratitude. Le professeur Martin Seligman a demandé à des étudiants de rédiger une lettre à la personne envers qui ils avaient le plus de reconnaissance. Ils devaient y expliquer pourquoi ils ressentaient cette gratitude, ce qu'ils appréciaient chez cette personne, et ensuite, dans l'idéal, ils devaient la lui lire. Seligman a dit que dans sa carrière professorale de plusieurs dizaines d'années, il n'avait jamais été le témoin d'autant d'émotions à la suite d'un exercice qu'il avait donné. C'est pourquoi il a ensuite mené une étude sur le sujet avec des confrères[13]. C'est sans aucune surprise qu'ils ont découvert que les effets positifs étaient bien réels et durables sur la personne qui avait écrit la lettre, sur celle qui la recevait, ainsi que sur leur relation.

Chaque année, je demande à mes étudiants d'écrire à quelqu'un une lettre de gratitude. Cela peut être à un parent, un ami, un mentor ou toute personne qu'ils apprécient. Les effets de ce simple exercice sont assez remarquables. Voici un exemple : John (ce n'est pas son véritable nom) était l'un de mes étudiants. Même s'ils étaient près d'un millier à assister à mes cours, je remarquais toujours John lorsqu'il entrait dans l'amphithéâtre. Il était grand, membre de l'équipe de football américain de Harvard. Il arrivait toujours seul, s'asseyait au fond de la classe et à la fin du cours il sortait de la salle sans un mot, jusqu'à la semaine qui suivit l'exercice de la lettre de gratitude. Ce mardi-là, alors que je rangeais mes notes et mon ordinateur à la fin du cours, il s'est approché de moi sur l'estrade et m'a demandé s'il pouvait venir me voir aux heures où je recevais dans mon bureau. Je lui ai bien entendu répondu par l'affirmative. Le lendemain, en privé, il m'a dit : « Professeur, c'est la première fois, depuis trois ans que je suis à Harvard, que je me rends dans le bureau d'un enseignant. » Il était venu me raconter son expérience de la lettre de gratitude. Il m'a expliqué qu'il l'avait écrite à l'attention de son père et qu'il était rentré chez lui le week-end pour la lui dire. Puis il a baissé le regard et lorsqu'il l'a relevé, j'ai vu de petites larmes aux coins de ses yeux. Il m'a dit : « Après que j'ai lu la lettre à mon père, il m'a pris dans ses bras. » John a fait une nouvelle pause avant de poursuivre : « Il m'a pris dans ses bras pour la première fois depuis mes 8 ans. » Il m'a remercié, s'est levé et est parti.

Une autre étudiante, Debbie (ce n'est pas son véritable nom), a écrit une lettre de gratitude à son entraîneur de basketball de l'école primaire. Celui-ci avait pris sa retraite depuis longtemps et Debbie m'a expliqué que, lorsqu'elle lui avait lu sa lettre, l'entraîneur avait semblé rajeunir de dix ans.

Pensez à celui ou celle qui a eu une importance dans l'évolution de votre vie. Et si vous écriviez une lettre de gratitude, une seule, pour remercier cette personne qui vous a tant offert ? Même si elle est écrite à quelqu'un qui n'est plus en vie, la lettre aura tout de même des effets sur celui qui la rédige, parce qu'elle oblige à puiser de manière profonde et authentique dans la reconnaissance éprouvée. Alors, écrivez cette lettre à celui qui a changé votre vie pour le meilleur. Lisez-la-lui, que vous soyez enfermé ensemble dans la même pièce, ou en contact grâce à la technologie. Vous pouvez aussi l'envoyer. Les effets d'une lettre de gratitude sur la personne qui l'a rédigée et sur celle qui la reçoit sont très intenses. Non seulement cela a des conséquences sur votre bien-être émotionnel, mais en plus, cela donne un sens à votre vie (bien-être spirituel) et vous rapproche l'un de l'autre (bien-être relationnel). Cela renforce même votre système immunitaire (bien-être physique). Si vous parvenez à écrire de manière régulière, même une fois tous les deux mois, cela peut véritablement travailler à votre plénitude.

Et si les écoles introduisaient dans leur programme scolaire la pratique de la lettre de gratitude ? Et si le cadre d'une entreprise, en donnant lui-même l'exemple, encourageait ses employés à exprimer leur gratitude envers leurs collègues et leurs clients ? Notre monde serait meilleur, plus doux, plus heureux et plus sain.

Cultiver l'espoir

Enfin, la gratitude ne concerne pas uniquement le passé – remercier quelqu'un pour ce qu'il a fait, ou revenir sur la journée que vous venez de passer. Elle relève aussi du futur. Les psychologues Hadassah Littman-Ovadia et Dina Nir ont mené une étude où elles ont demandé aux participants d'écrire trois choses qu'ils attendaient avec impatience de leur journée[14]. Celles-ci pouvaient être très importantes ou plus petites – que ce soit appeler un ami, lire un poème ou déjeuner. Peu importe, il fallait simplement que ce soit quelque chose qu'ils avaient hâte de faire.

Les personnes qui se sont prêtées à cette activité n'ont pas particulièrement éprouvé plus d'émotions agréables. Néanmoins, ils *ont* effectivement ressenti moins de sentiments douloureux et ils étaient moins pessimistes. Comment cela se fait-il ? Lorsque nous attendons avec impatience quelque chose, nous nourrissons l'espoir, comme si nous tenions un journal positif du futur. Or, l'espoir nous rend par définition moins pessimistes et plus résilients, ce qui empêche la tristesse qu'il nous arrive à tous d'éprouver – à moins que nous ne soyons des psychopathes ou morts – de se transformer en dépression. Une fois de plus, la différence entre le chagrin et la dépression est que la seconde est l'équivalent du premier, l'espoir en moins.

Mon mot anglais préféré est *appreciate** (apprécier), dont le sens est double. *Appreciate* est une façon de dire à quelqu'un qu'on le remercie de quelque chose,

* En français, ce double sens est le même. (*N.d.T.*)

qu'on lui est reconnaissant – et c'est important de l'être. Le philosophe romain de l'Antiquité Cicéron appelait la gratitude « la mère de toutes les vertus ». Quasiment toutes les religions soulignent l'importance de la gratitude, de la reconnaissance et de ne rien tenir pour acquis. C'est là le premier sens du mot *appreciate*. Le second est « qui prend de la valeur ». Par exemple, avec un peu de chance, la valeur de notre maison ou l'argent que l'on a placé à la banque s'apprécient. Tout comme dans les périodes prospères, l'économie s'apprécie. Elle croît.

Les deux sens de ce même mot sont liés. De nos jours, nous disposons de données qui prouvent que *lorsqu'on apprécie le bon, le bon s'apprécie.* Lorsque vous êtes reconnaissant envers ce qu'il y a de bien dans votre vie, que vous ne le tenez pas pour acquis, alors, il croît. Malheureusement, le contraire aussi est vrai : lorsque vous n'êtes pas reconnaissant envers le bon, le bon se déprécie et vous vous retrouvez avec moins qu'auparavant. Heureusement, même dans les périodes difficiles, il y a toujours un élément envers lequel nous pouvons être reconnaissants, quelque chose de bon dans notre vie que l'on peut apprécier.

Helen Keller est née avec tous ses sens intacts, mais à l'âge de 19 mois elle est tombée malade et a perdu de manière permanente l'ouïe et la vue. Pendant cinq ans, elle a vécu dans un monde qui n'avait aucun sens pour elle, jusqu'à ce qu'une enseignante, Anne Sullivan, l'aide à comprendre le concept des mots et du langage. Cette découverte lui a finalement permis de communiquer et de partager sa richesse intérieure avec le monde extérieur, et de saisir le monde extérieur pour le faire entrer en elle. Dans son essai *Three Days to See**, Helen Keller explique ce qu'elle ferait si elle avait la possibilité de voir et d'entendre à nouveau pendant trois jours[15]. Cet ouvrage, source d'inspiration, est une célébration de l'appréciation et est en lui-même une leçon de gratitude. Plus que n'importe quel écrit que j'ai pu lire, celui-ci nous rappelle d'être reconnaissant envers ce que nous avons.

Dans cet essai elle raconte l'histoire d'une amie venue chez elle, à Cambridge dans le Massachusetts, lui rendre visite. Après que celle-ci fut sortie pour se promener dans la forêt, Helen Keller lui a demandé ce qu'elle avait vu. Son amie a répondu : « Rien de particulier. » Alors Keller lui a dit :

> Je me demande comment il est possible de marcher pendant une heure dans les bois et de ne rien avoir vu qui mérite l'attention ? [...] Si je suis capable de prendre tant de plaisir dans un simple touché, combien d'autres splendeurs pourraient m'être révélées par la vue ? Pourtant, ceux qui ont des yeux semblent apparemment y voir si peu. Le panorama de couleurs et d'actions dont est rempli le monde est tenu pour acquis. Il est sans doute humain de si peu apprécier ce que nous avons et de désirer ce que nous n'avons pas ; pourtant, il est bien dommage que dans un monde de lumière, le don de la vue soit uniquement utilisé comme une simple commodité et non comme un moyen de rendre la vie plus complète.

* Non traduit en français. (*N.d.T.*)

À l'origine, cet essai a été publié dans *The Atlantic Monthly** en 1933. Lisez-le, seul ou à voix haute avec votre famille, mais lisez-le. Puis regardez autour de vous. Écoutez, touchez, goûtez et sentez – expérimentez ce que le monde a à offrir en utilisant chacun de vos sens. Il y a des moments dans la vie où nous avons le sentiment d'être perdants, c'est dans ces instants que notre concentration doit bénéficier d'une délicate réorientation. Cet essai peut nous aider à adopter un nouveau regard sur ce qui se trouve sous nos yeux depuis tout ce temps, que ce soit au fond de nous ou autour. Pourquoi ne pas imprimer ce texte et le laisser près de vous sur votre bureau, accroché à votre réfrigérateur ou bien à côté de votre lit ? Vous pourriez ainsi le relire chaque fois que vous avez besoin de vous rappeler qu'il faut savourer et apprécier tout ce que la vie a à vous offrir.

BILAN PERSONNEL DE LA SPIRE

Bien-être émotionnel

Réalisez les trois étapes du bilan personnel de la SPIRE, *attribuer*, *décrire* et *prescrire*, en vous concentrant sur votre bien-être émotionnel, et en réfléchissant aux questions suivantes :

Ressentez-vous des émotions agréables ?
Acceptez-vous d'éprouver des sentiments douloureux ?
Tenez-vous pour acquis l'essentiel de ce que la vie vous a offert ?
Êtes-vous reconnaissant pour tout ce que vous avez ?

---

* Magazine mensuel culturel américain, aujourd'hui publié sous le nom de *The Atlantic*. (*N.d.T.*)

En vous basant sur vos réponses, déterminez votre niveau de bien-être émotionnel, puis *attribuez* une note entre 1 et 10, 1 étant faible ou très peu fréquent et 10 élevé ou très fréquent. Après avoir donné cette note, *décrivez*, par écrit, pourquoi vous vous êtes octroyé ce score. Ensuite, *prescrivez* une solution pour faire évoluer cette note d'un seul point, pour commencer. Il peut par exemple s'agir d'ajouter à votre planning quotidien ou hebdomadaire la tenue d'un journal de gratitude, d'écrire une lettre de reconnaissance une fois par semaine ou bien une fois tous les deux mois, de tenir un journal intime où vous exprimez vos émotions pour qu'elles puissent circuler librement, ou encore de méditer pendant quelques minutes tous les jours afin d'accepter vos émotions. Faites cette introspection une fois par semaine.

....

Conclusion

Aller de l'avant

Vivre heureux est un pouvoir intérieur de l'âme.

Marc Aurèle

Peter Drucker est considéré par nombre de personnes comme le père de l'étude du management moderne. Il est né en 1909 et décédé en 2005, une semaine avant son 96e anniversaire. Tout au long de sa vie, Drucker a voyagé à travers le monde, et s'est adressé à des centaines de milliers de cadres et de dirigeants. Mais, dans les dernières années de sa vie, il a décidé de limiter ses déplacements. Alors, au lieu d'aller à la rencontre des gens, il les a fait venir à lui. P-DG d'entreprises classées dans le *Fortune 500**, dirigeants politiques, cadres de grands groupes : ils ont tous afflué à Claremont en Californie, pour passer un week-end magique auprès du grand maître du management.

* Liste du magazine *Fortune* des 500 plus grandes entreprises américaines, classées selon leur chiffre d'affaires. (*N.d.T.*)

Drucker commençait ces week-ends en disant à ses participants que le lundi, lorsqu'ils retourneraient à leurs vies, leurs maisons et leurs bureaux, il leur interdisait de l'appeler pour se réjouir des deux jours extraordinaires qu'ils venaient de passer. Il préférait qu'ils lui expliquent les nouveaux comportements qu'ils avaient mis en place. Il leur disait : « Lundi, ne me dites pas à quel point c'était bien ; racontez-moi ce que vous faites différemment. »

Pourquoi ? Parce qu'après avoir passé plus de soixante ans dans la finance, Peter Drucker savait que la plupart du temps les efforts pour changer échouaient ; les enseignements acquis lors d'un week-end de retraite ou dans un livre de développement personnel, quelle que soit leur qualité, duraient autant qu'un feu de paille. Peu importe la force de l'apprentissage, la plupart des gens reviennent au point où ils se trouvaient avant leur expérience.

Pour véritablement introduire du changement, il ne suffit pas d'avoir un bref aperçu de celui-ci. Nous devons passer à l'action, faire des essais, expérimenter.

Voici un rapide récapitulatif des cinq clés de la SPIRE. En lisant cette liste et en réfléchissant à certaines des idées abordées dans ce livre, demandez-vous : que puis-je faire différemment pour chacune de ces clés, qui peut m'aider à être plus heureux quoi qu'il arrive ?

Bien-être spirituel. Nous pouvons insuffler du sens – un sens de l'objectif – à quasiment tout ce que nous faisons. Nous pouvons transformer notre façon de voir notre travail, pour qu'un simple job alimentaire ou une carrière se transforme en vocation. De la même manière, nous pouvons trouver de la spiritualité dans toutes nos activités quotidiennes. Tout ce que nous faisons, aussi banal que cela puisse paraître, peut être magnifié si nous ajoutons la conscience de l'instant présent. Tout comme il est souvent dit que nous n'utilisons qu'un faible pourcentage des capacités de notre cerveau, je dirais que nous n'utilisons qu'un faible pourcentage des capacités spirituelles qui existent dans chaque instant. Soyez attentifs et présents.

Bien-être physique. Souvenez-vous, le stress n'est pas le problème. Le problème vient du fait que nous ne prenons pas assez de temps de repos. Nous pouvons, tout d'abord, prendre des micro-récupérations, avec des sessions de trente secondes de respiration ou une pause de quinze minutes. Puis, des récupérations moyennes avec une bonne nuit de sommeil ou en prenant un jour de congé. Enfin, des macro-récupérations plus longues, en partant en vacances (ce qui n'implique pas forcément de voyager). N'oubliez pas l'importance de l'exercice, surtout en période de stress. Nous déchirons nos muscles et cela nous fait du bien, cela nous rend plus forts. C'est ça, l'antifragilité.

Bien-être intellectuel. C'est en étant curieux et ouverts aux expériences que nous profitons le mieux de tout ce que la vie a à nous offrir. L'une des pires malédictions du monde moderne est que l'apprentissage approfondi a laissé sa place aux connaissances superficielles. La plupart des gens pensent qu'ils n'ont pas assez de temps, et ils manquent très certainement de patience, pour s'impliquer de manière profonde dans la lecture d'un livre, l'analyse d'une œuvre d'art ou l'observation de la nature. Pourtant, une implication aussi profonde est essentielle à notre plénitude et plus encore – qu'il s'agisse de notre réussite professionnelle ou du plaisir d'une relation durable. Enfin, faire des erreurs et apprendre de celles-ci est la clé pour grandir et en retour avoir une vie plus heureuse.

Bien-être relationnel. Le premier indicateur du bonheur réside dans les relations intimes. Même si nous ne pouvons pas sortir avec nos amis ou passer autant de temps en leur présence que nous le souhaiterions, nous pouvons malgré tout faire un pas vers des relations plus profondes. En écoutant véritablement et en étant écoutés, en parlant et en nous ouvrant, nous nourrissons nos relations. Il est aussi possible de le faire à travers les moyens technologiques. De la même façon, en parlant et en aidant, en étant généreux et aimable, nous sommes plus heureux et nos relations s'améliorent. N'oubliez pas que les crises sont essentielles. Les relations qui durent ne sont pas celles où tout est parfait, mais celles où vous apprenez à gérer les conflits et à grandir ensemble.

Bien-être émotionnel. La permission d'être humain – vous donner le droit de ressentir tout le panel des émotions humaines – est quelque chose de précieux et de particulièrement important dans les périodes difficiles, lorsque les sentiments sont les plus extrêmes et les plus complexes. Quand nous rejetons les émotions douloureuses, non seulement elles s'intensifient, mais par ricochet, elles éloignent leurs versions plus agréables issues du même canal émotionnel. L'une des meilleures façons de cultiver ce bien-être est d'exprimer notre gratitude, une action très forte qui permet d'enclencher une spirale ascendante positive dans nos vies.

Chaque clé de la SPIRE comporte des effets et a des répercussions sur les autres. Cette relation est en elle-même source d'espoir, parce qu'en percevant ces clés comme un tout, nous pouvons identifier les leviers du changement. Le bilan personnel de la SPIRE vous aide à repérer ces derniers. Il vous fournit une sorte de résumé de votre plénitude globale, grâce auquel vous prenez conscience des actions que vous devez entreprendre. Je vous invite vivement à faire cette introspection de manière régulière. En introduisant toujours plus de changements à votre vie, vous êtes non seulement plus heureux, mais également plus optimiste et plein d'espoir pour l'avenir.

Un monde meilleur

À présent que vous connaissez les clés de la SPIRE, pourquoi ne pas en partager les idées avec ceux qui comptent pour vous ? Pourquoi ne pas rendre le monde meilleur ? Le message principal du film *Un monde meilleur* est qu'une seule personne est capable de faire la différence, en misant sur la nature exponentielle des interactions humaines. L'étudiant, joué par Haley Joel Osment, imagine un projet scolaire où il changerait le monde en faisant quelque chose de gentil pour trois personnes. En retour, il leur demande de transmettre cette bonne action à trois autres personnes, à qui ils doivent demander de faire la même chose, et ainsi de suite. L'idée est simple et pourtant brillante.

La plupart des gens sous-estiment leurs capacités, ou celles d'un petit groupe de personnes, à produire des changements. Les recherches sur la psychologie sociale de Charlan Nemeth, Serge Moscovici et bien d'autres, illustrent bien la force de la minorité – que ce soit celle d'un petit groupe ou d'un seul individu – pour faire la différence et avoir des effets significatifs[1]. De manière similaire, le philosophe Ralph Waldo Emerson remarque que : « La totalité de l'Histoire démontre le pouvoir des minorités et de la minorité d'un seul. » Comme l'aurait d'ailleurs souligné l'anthropologue Margaret Mead : « Ne doutez jamais qu'un petit nombre de citoyens volontaires et réfléchis puisse changer le monde ; en effet, cela se passe toujours ainsi[2]. »

Un seul individu ou un petit groupe de personnes possèdent la capacité de diffuser des changements à l'échelle de la société, grâce à la nature exponentielle des réseaux humains. Prenez l'exemple de la propagation d'un sourire : si vous faites sourire trois personnes, qu'en retour elles en font sourire trois autres et que ces neuf personnes en font à leur tour sourire trois autres, alors en l'espace d'une vingtaine de cycles, il est possible de toucher la totalité de la population mondiale. Vous pouvez faire radicalement croître vos chances d'influer sur les gens du monde entier, si vous faites sourire quatre ou dix personnes. En suivant la même logique, si vous faites un compliment sincère à trois ou dix personnes, il y aura plus de probabilités pour qu'elles fassent la même chose à d'autres, propageant ainsi la bonté et la joie.

Le bonheur est contagieux, c'est pourquoi toutes les personnes avec qui vous interagissez et sur lesquelles vous avez un impact deviennent les porteuses de votre bonheur, qu'elles répandent dans le reste du monde[3].

Même si ce n'est pas facile au début, il y a toujours quelque chose que vous pouvez faire pour être plus heureux ; et lorsque vous y parvenez, vous pouvez aider les autres à en faire de même. Souvenez-vous, vous êtes un être spirituel, capable d'atteindre des objectifs et d'être présent. Vous êtes un être physique, un corps et un esprit unis, débordant d'énergie et de vitalité. Vous êtes un être intellectuel, curieux, profond, capable d'apprendre et de grandir. Vous êtes un être relationnel, généreux et aimable, avec la capacité d'aimer et d'être aimé. Vous êtes un être émotionnel, capable de ressentir de la douleur et du plaisir, de la compassion et de la joie.

Vous êtes un tout.

Notes

Introduction

1. TALEB, N. N., *Antifragile : les bienfaits du désordre*, Les Belles Lettres, 2013.

2. CALHOUN, L. G. et TEDESCHI, R. G., *The Handbook of Posttraumatic Growth : Research and Practice*, Routledge, 2006.

3. GILBERT, D., *Et si le bonheur vous tombait dessus*, Robert Laffont, 2007.

4. BRICKMAN, P., COATES, D. et BULMAN, R. J., « Lottery Winners and Accident Victims : Is Happiness Relative ? », *Journal of Personality and Social Psychology*, 1978, nº 36, p. 917-927.

5. LAMBERT, C., « The Science of Happiness », *Harvard Magazine*, 2007, n°109(3), p. 26-30.

6. TWENGE, J., « With Teen Mental Health Deterioration over Five Years, There's a Likely Culprit », *The Conversation*, 2017.

7. LYUBOMIRSKY, S., KING, L. et DIENER, E., « The Benefits of Frequent Positive Affect : Does Happiness Lead to Success ? », *Psychological Bulletin*, 2005, nº 131, p. 803-855.

8. FREDRICKSON, B. L., « The Role of The Positive Emotions in Positive Psychology : The Broaden-and-Build Theory of Positive Emotions », *American Psychologist*, 2011, n° 56, p. 218-226.

9. *Ibid.*

10. KELLER, H., *The Open Door*, Doubleday, 1957.

11. MAUSS, I. B., TAMIR, M., ANDERSON, C. L. et SAVINO, N. S., « Can Seeking Happiness Make People Unhappy ? Paradoxical Effects of Valuing Happiness », *Emotion*, 2011, n° 11, p. 807-815.

12. MILL, J. S., *Mes Mémoires*, BnF collection ebooks, 2021.

13. BEN-SHAHAR, T., *Happiness Studies : An Introduction*, Palgrave Macmillan, 2021.

14. SWAN, G. E. et CARMELLI, D., « Curiosity and Mortality in Aging Adults : A 5-Year Follow-up of the Western Collaborative Group Study », *Psychology and Aging*, 1996, n° 11(3), p. 449-453.

15. DUNN, E. et NORTON, M., *Happy Money : The Science of Happier Spending*, Simon & Schuster, 2013.

16. LYUBOMIRSKY, S., SHELDON, K. M. et SCHKADE, D., « Pursuing Happiness : The Architecture of Sustainable Change », *Review of General Psychology*, 2005, n° 9, p. 111.

Chapitre 1

1. WRZESNIEWSKI, A. et DUTTON, J. E., « Crafting a Job : Employees as Active Crafters of Their Work », *Academy of Management Review*, 2001, n° 26, p. 179-201.

2. *Ibid.*

3. GRANT, A., *Donnant, donnant : quand générosité et entreprise font bon ménage*, Pearson, 2013.

4. SREECHINTH, C., *Thich Nhat Hanh Quotes*, UB Tech, 2018.

5. DAVIDSON, R. et HARRINGTON, A., *Visions of Compassion : Western Scientists and Tibetan Buddhists Examine Human Nature*, Oxford University Press, 2001.

6. *Ibid.*

7. KABAT-ZINN, J., *Au cœur de la tourmente, la pleine conscience : réduire le stress grâce à la mindfulness, programme complet en 8 semaines*, De Boeck, 2014.

8. HANH, T. N., *Le Miracle de la pleine conscience*, J'ai lu, 2008.

9. RICARD, M., *L'Art de la méditation*, Nil, 2008.

10. GUTHRIE, C., « Mind Over Matters Through Meditation », *O, The Oprah Magazine*, 2008.

11. GOLDSTEIN, E., *The Now Effect*, Atria Books, 2013.

12. SREECHINTH, *op. cit.*

13. MILLER, H., *La Crucifixion en rose*, Librairie générale française, 1997.

14. ITZCHAKOV, G. et KLUGER, A. N., « The Power of Listening in Helping People Change », *Harvard Business Review*, 2018.

15. BOUSKILA-YAM, O. et KLUGER, A. N., « Strength-Based Performance Appraisal and Goal Setting », *Human Resource Management Review*, 2011.

16. PENNEBAKER, J. W., *Opening-Up : The Healing Power of Expressing Emotions*, Guilford Press, 1997.

17. CSÍKSZENTMIHÁLYI, M., « If We Are So Rich, Why Aren't We Happy ? » *American Psychologist*, 1999, nº 54, p. 821-827.

18. BENNETT-GOLEMAN, T., *L'Alchimie des émotions : comment l'esprit peut guérir le cœur ?* Robert Laffont, 2002.

Chapitre 2

1. DAMASIO, A., *L'Erreur de Descartes : la raison des émotions*, Odile Jacob, 2006.

2. SENGE, P. M., *La Cinquième Discipline. Levier des organisations apprenantes*, Eyrolles, 2015.

3. ZAJONC, R. B., MURPHY, S. T. et INGLEHART, M., « Feeling and Facial Efference : Implications of The Vascular Theory of Emotion », *Psychological Review*, 1989.

4. WISEMAN, R., *The As If Principle : The Radically New Approach to Changing Your Life*, Free Press, 2013.

5. RANGANATHAN, V. K. *et al.*, *From Mental Power to Muscle Power – Gaining Strength by Using The Mind*, NeuroPsychologia, 2003.

6. ELSEN, A. E. *et al.*, *Rodin's Art : The Rodin Collection of Iris & B. Gerald Candor Center of Visual Arts at Standford University*, Oxford University Press, 2003.

7. LAMBERT, *op. cit.*

8. MCGONIGAL, K., *The Upside of Stress : Why Stress is Good For You, and How to Get Good at It*, Avery, 2016.

9. LOEHR, J. et SCHWARTZ, T., *Le Pouvoir de l'engagement total : gérer son énergie et non son emploi du temps pour se ressourcer et obtenir une performance remarquable*, Ada, 2005.

10. Mayo Clinic Staff, *Stress Symptoms : Effects on Your Body and Behavior*, Mayo Clinic Healthy Lifestyle, 2019.

11. LOEHR, J. et SCHWARTZ, T., « The Making of a Corporate Athlete », *Harvard Business Review*, 2001.

12. BENSON, H. et KLIPPER, M. Z., *Réagir par la détente ou comment résister aux agressions extérieures*, Tchou, 1976.

13. WEIL, A., *Breathing : The Master Key to Self Healing*, Sounds True (livre audio), 2001.

14. LOEHR et SCHWARTZ, *op. cit.*

15. WALKER, M., *Pourquoi nous dormons : le pouvoir du sommeil et des rêves ce que la science nous révèle*, La Découverte, 2018.

16. MEDNICK, S. C., *Faites la sieste ! Le secret de l'énergie et du bien-être*, Marabout, 2009.

17. WALKER, *op. cit.*

18. *Ibid.*

19. *Ibid.*

20. *Ibid.*

21. Rand corporation, « Lack of Sleep Costing U.S. Economy Up To $ 411 Billions a Year », communiqué de presse [en ligne], 2016. Disponible sur : https://www.rand.org/news/press/2016/11/30.html.

22. MEDNICK, *op. cit.*

23. CARINO, M. M., « American Workers Can Suffer Vacation Guilt… If They Take Vacations At All », Marketplace [en ligne], 2019. Disponible sur : https://www.marketplace.org/2011/11/29/american-airlines-after-chapter-11/.

24. LOEHR et SCHWARTZ, *op. cit.*

25. *Ibid.*

26. RATEY, J. J., *Spark : The Revolutionary New Science of Exercise and the Brain*, Little, Brown and Company, 2013.

27. CALLAGHAN, P., « Exercise : A Neglected Intervention in Mental Health Care ? », *Journal of Psychiatric and Mental Health Nursing*, 2013.

28. RATEY, *op. cit.*

29. CALLAGHAN, *op. cit.*

30. VAN DER PLOEG, H. P. *et al.*, « Sitting Time and All-Cause Mortality Risk in 222 497 Australian Adults », *Archives de médecine interne*, 2012, nº 172, p. 494-500.

31. RATEY, *op. cit.*

32. *Ibid.*

33. BUETTNER, D., « The Blue Zones : 9 Lessons for Living Longer from The People Who've Lived the Longest », *National Geographic*, 2012.

34. STEEL, P., *Procrastination : pourquoi remet-on à demain ce qu'on peut faire aujourd'hui ?*, Privé, 2010.

35. CUDDY, A., *Montrez-leur qui vous êtes*, Marabout, 2018.

Chapitre 3

1. CSÍKSZENTMIHÁLYI, M., *Applications of Low in Human Development and Education : The Collected Works of Mihály Csíkszentmihályi*, Springer, 2014.

2. KASHDAN, T. B., *Curiosity : The Missing Ingredient to a Fullfilling Life*, Harper Perennial, 2010.

3. BEM, D. J., « Self-Perception : An Alternative Interpretation of Cognitive Dissonance Phenomena », *Psychological Review*, 1967, nº 74, p. 183-200.

4. LAKKAKULA, A., « Repeated Taste Exposure Increases Liking for Vegetables by Low-income Elementary School Children », *National Library of Medicine*, Appetite, 2010, p. 226-231.

5. SWAN et CARMELLI, *op. cit.*

6. COOPERRIDER, D. L. et WHITNEY, D., *L'*Appreciative inquiry *: une révolution positive*, InterÉditions, 2019.

7. SUZUKI, S., *Esprit zen, Esprit neuf*, Points, 2014.

8. LANGER, E. J., *Pratique de la pleine conscience au quotidien : ce que change la mindfulness dans notre vie*, InterÉditions, 2015.

9. SIMONTON, D., *Origins of Genius : Darwinian Perspectives on Creativity*, Oxford University Press, 1999.

10. DWECK, C., *Osez réussir ! Changez d'état d'esprit*, Mardaga, 2017.

11. ROOSEVELT, T., *Le Citoyen d'une République, conférence faite à la Sorbonne, 23 avril 1910*, Hachette, 1910. Disponible sur : https://education.persee.fr/doc/revin_1775-6014_1910_num_59_1_6170.

12. NEFF, K., *S'aimer : comment se réconcilier avec soi-même*, Belfond, 2013.

13. DWECK, *op. cit.*

14. EDMONDSON, A., « Psychological Safety and Learning Behavior in Work Teams », *Administrative Science Quartely*, 1999, nº 44, p. 350.

15. DELIZONNA, L., « High Performing Teams Need Psychological Safety. Here's How to Create it », *Harvard Business Review*, 2017.

16. KELLY, A., « James Burke : The Johnson & Johnson CEO who earned a presidential medal of freedom » [en ligne]. Disponible sur : https://www.jnj.com/

our-heritage/james-burke-johnson-johnson-ceo-who-earned-presidential-medal-of-freedom.

17. RILKE, R. M, *Lettres à un jeune poète*, Allia, 2020.

Chapitre 4

1. WALDINGER, R., « What Makes a Good Life ? Lessons from the Longest Study on Happiness » [en ligne]. Disponible sur : https://www.ted.com/talks/robert_waldinger_what_makes_a_good_life_lessons_from_the_longest_study_on_happiness/transcript.

2. HELLIWELL, J., LAYARD, R. et SACHS, J., *World Happiness Report* [en ligne]. Disponible sur : https://worldhappiness.report/ed/2019/.

3. KLINENBERG, E., *Going solo : The Extraordinary Rise and Surprising Appeal of Living Alone*, Penguin Books, 2013.

4. TWENGE, *op. cit.*

5. KONRATH, S. H., O'BRIEN, E. H. et HSING, C., « Changes in Dispositional Empathy in American College Students Over Time : A Meta-Analysis », *Personality and Social Psychology Review*, 2010, nº 15, p. 180-198.

6. HOFFMAN, M. L., *Empathie et développement moral : les émotions morales et la justice*, Presses universitaires de Grenoble, 2008.

7. DUNN et NORTON, *op. cit.*

8. GRANT, *op. cit.*

9. GOLEMAN, D., *Surmonter les émotions destructrices : un dialogue avec le Dalaï-Lama*, Robert Laffont, 2008.

10. *Ibid.*

11. WINNICOTT, D. W., *Winnicott on the Child*, Da Capo Lifelong Books, 2002.

12. LUTHAR, S. S. et BECKER, B. E., « Privileged But Pressured ? A Study of Affluent Youth », *Child Development*, 2002, nº 73(5), p. 1593-1610.

13. MONTESSORI, M., *L'Esprit absorbant de l'enfant*, Desclée de Brouwer, 2003.

14. CHRISTENSEN, C., « The School of Life », *Harvard Business School Alumni Online* [en ligne]. Disponible sur : https://www.alumni.hbs.edu/stories/Pages/story-bulletin.aspx?num=814.

15. EMERSON, R. W., *The Works of Ralph Waldo Emerson : Letters and Social Aims*, Fireside Edition, 1909.

16. KUHN, R., « The Power of Listening : Lending an Ear to the Partner During Dyadic Coping Conversations », *Journal of Family Psychology*, 2018, nº 32, p. 762-772.

Chapitre 5

1. WEGNER, D. M., *White Bears and Other Unwanted Thoughts : Suppression, Obsession, and the Psychology of Mental Control*, Guilford Press, 1994.

2. MARCIN, A., *9 Ways Crying May Benefit Your Health*, Healthline [en ligne]. Disponible sur : https://www.healthline.com/health/benefits-of-crying.

3. STARKER, G. et WINSHIP, J., *The Talking Cure : Normal People, Their Hidden Struggles and the Life-Changing Power of Therapy*, Macmillan Australia, 2019.

4. PENNEBAKER, J. W., *Opening-Up : The Healing Power of Expressing Emotions*, Guilford Press, 1997.

5. WILLIAM, M. *et al.*, *Méditer pour ne plus déprimer : la pleine conscience, une méthode pour vivre mieux*, Odile Jacob, 2009.

6. RICARD, *op. cit.*

7. FREDRICKSON, *op. cit.*

8. EMMONS, R., *La Gratitude : cette force qui change tout*, Belfond, 2018.

9. KOSSLYN, S. M., THOMPSON, W. L. et GANIS, G., *The Case for Mental Imagery*, Oxford University Press, 2006.

10. FREDRICKSON, *op. cit.*

11. AMABILE, T. et KRAMER, S., « Progress Principle : Using Small Wins to Ignite Joy, Engagement, and Creativity at Work », *Harvard Business Review Press*, 2011.

12. FERRARI, P. F. et RIZZOLATTI, G., « Mirror Neuron Research : The Past and Future », *Psychological Transaction of the Royal Society of London*, serie B, biological sciences, 2014, n° 369(1644).

13. SELIGMAN, M. E. P., STEEN, T. A., PARK, N. et PETERSON, C., « Positive Psychology Progress : Empirical Validation of Interventions », *American Psychologist*, 2005, n° 60, p. 410-421.

14. LITTMAN-OVADIA, H. et NIR, D., « Looking Forward to Tomorrow : The Building Effect of a Daily Optimism Intervention », *Journal of Positive Psychology*, 2013, n° 9(2), p. 122-136.

15. KELLER, H., « Three Days to See », *Atlantic Monthly* [en ligne]. Disponible sur : https://www.afb.org/about-afb/history/helen-keller/books-essays-speeches/senses/three-days-see-published-atlantic.

Conclusion

1. NEMETH, C., *Social Psychology : Classic and Contemporary Integration*, 7e édition, Rand McNally, 1974.

2. SOMMERS, F., *Curing Nuclear Madness*, Methuen, 1984.

3. CHRISTAKIS, N. A. et FOWLER, J. H., *Connected : The Surprising Power of Our Social Networks and How They Shape Our Lives*, Little Brown and Company, 2009.

Remerciements

Que nous vivions ces temps difficiles comme l'aube d'un nouvel espoir ou le crépuscule du désespoir, cela dépend très largement des personnes qui composent votre vie. J'ai, à cet égard, eu beaucoup de chance.

Sans certains de mes collègues et amis, je n'aurais jamais pu écrire ce livre. Tout d'abord, Katie McHugh Malm, dont les mots et la sagesse imprègnent cet ouvrage. Batya Rosenblum, de la maison d'édition The Experiment, et Rafe Sagalyn, de l'agence littéraire Sagalyn Agency, qui ont eu l'idée de ce livre et qui m'ont offert leurs inestimables conseils durant toute la rédaction de celui-ci.

Mes confrères et consœurs de voyage de la Happiness Studies Academy qui travaillent sans relâche jour et nuit, aidant des milliers d'étudiants du monde entier à affronter ces temps difficiles, répandant la joie, la bonté et la gentillesse.

Angus Ridgway, mon très cher ami et associé, qui, chaque fois que nous discutons, m'apprend à être un leader, que le ciel soit bleu ou que l'orage gronde.

Ensuite, même si avec l'apparition du Covid-19 j'ai été physiquement éloigné de mes parents, de mes frères et sœurs et de leurs familles, leur soutien et leur sollicitude n'ont jamais cessé de croître. Enfin, même si avec l'apparition du Covid-19 j'ai été physiquement plus proche de mon épouse et de mes enfants, mon amour pour eux est toujours plus grand.

Obtenez votre certificat de psychologie du bonheur

Créé et délivré
par Tal Ben-Shahar

Votre certificat sera remis à l'issue d'une formation certifiante en ligne d'un an, qui vous fournit toutes les connaissances et tous les outils pour créer et entretenir le bonheur à l'échelle individuelle, mais aussi interpersonnelle, organisationnelle et même nationale !

La formation comprend l'accès à vie à :

- 40 heures de contenus en e-learning ;
- Des webinaires en direct ;
- Des articles et des vidéos sur la méditation, l'exercice, la tenue d'un journal, la lecture ;
- Une communauté internationale chaleureuse, et source d'un grand soutien.

Pour plus d'informations, rendez-vous sur :
happinesssudies.academy/CiHS
10 % de réduction avec le code Happier

Table des matières

Composition et mise en pages
Nord Compo à Villeneuve-d'Ascq

Imprimé en France par CPI
en octobre 2022
N° d'impression : 3049298

Pocket – 92 avenue de France, 75013 PARIS

S32422/01